AF475441

VOYAGE

D'UN JEUNE GREC

A PARIS.

I.

Les exemplaires non revêtus de la signature de l'auteur seront reputés contrefaits.

IMPRIMERIE DE MARCHAND DU BREUIL.

Un matin, Lord Elgin interrompit ses méditations.....

VOYAGE
D'UN JEUNE GREC
A PARIS,

PAR M. HIPPOLYTE MAZIER DU HEAUME,

Auteur des Observations d'un Français sur l'enlèvement des chefs-d'œuvre du Muséum de Paris, en réponse à la lettre du duc de Wellington au lord Castelreagh, en 1815.

Les descendans d'Hercule, et la race d'Homère,
Aux pieds d'un vil aga, tremblent dans la poussière.

VOLTAIRE.

TOME PREMIER.

A PARIS,

CHEZ FR. LOUIS, LIBRAIRE-ÉDITEUR,

RUE HAUTEFEUILLE, N° 10.

1824.

INTRODUCTION.

ENCORE un tableau de Paris! diront peut-être quelques censeurs. S'agit-il des mœurs du temps, d'anecdotes, de monumens, de réformes utiles, d'embellissemens nouveaux? L'auteur croit-il que nous avons oublié le Siamois de Dufresny, l'Espion turc, les Caractères de La Bruyère, les Lettres persannes de Montesquieu, les Essais de Duclos, les deux Tableaux de Paris de Mercier, le petit Tableau de Mme de Sartory, et l'Ermite de la chaussée d'Antin?

Nous apprendra-t-il quelque chose de plus que le père Félibien, André de

Valois, de Lamarre, Ramond du Pouget, l'abbé le Bœuf, le célèbre Sainte-Foix, le prince de Ligne, les Mémoires historiques de Soulavie, le Tableau historique et pittoresque de Paris, de M. de Saint-Victor, et l'Histoire civile, physique et morale de Paris, de M. Dulaure ?

A toutes ces questions, spécieuses en apparence, la réponse est facile. Je demanderai, à mon tour, s'il ne reste rien à glaner après la riche moisson faite par ces écrivains ? Si quelques épis précieux ne sont point demeurés inaperçus et cachés dans un champ aussi vaste ; ou plutôt si de nouvelles cultures n'exigent pas dans ce moment de nouvelles méditations et un nouveau travail ? Si Paris, enfin, n'offre pas, au moins tous les dix ans, un aspect différent, des scènes continuellement variées? Et je n'en veux pour preuve, que les deux tableaux de cette capitale composés par le plus grand observateur du siècle dernier, que j'ai déjà cité, tableaux dont les couleurs et les nuances sont si fortement opposées. Malheureusement la postérité s'indignera en voyant que les deux écrits de cet illustre penseur ont été tracés par une plume originale, il est vrai, mais trop souvent trempée dans la fange, le fiel et le sang; lorsque dans le dernier écrit surtout, une équitable justice et des souvenirs récens devaient inspirer au peintre les sentimens d'une généreuse pitié, et lui prescrire un saint respect pour d'épouvantables catastrophes et les plus augustes malheurs.

Plus heureux dans cette esquisse, je

vais retracer une époque où les principes d'un gouvernement réparateur, jaloux de conserver et de perfectionner ce qui existe, font espérer les réformes les plus importantes de toutes les espèces d'abus. La France peut justement être comparée à un arbre courbé par le plus terrible orage, et qui, en se redressant, élève une tige plus superbe, et s'affermit de plus en plus sur le sol natal, en jetant au loin de profondes racines; l'objet le plus essentiel est maintenant d'en diriger sagement les formes, d'en retrancher à propos les branches parasites qui en absorberaient inutilement la sève, en compromettraient la vigueur, et finiraient par en détruire la majestueuse beauté.

Mais de quoi cet auteur se mêle-t-il?

vont s'écrier encore certains êtres habitués à ne s'écarter jamais d'une routine vulgaire? Quelle suffisance! Quelle présomption! Quelle prétention orgueilleuse! diront ces contempteurs de toute salutaire réforme; égoïstes pour qui tous les abus sont sacrés lorsqu'une main prudente veut y porter la cognée; surtout si ces abus sont embellis par les illusions et les souvenirs de leur jeunesse! Pourquoi tous ces changemens? ajouteront ces hommes qui n'estiment le présent qu'autant qu'il ressemble au passé; ces hommes qui plutôt que d'y rien innover, trouvent tout bien dans le meilleur des mondes possibles; et qui croient avoir suffisamment répondu à une utile censure par ce peu de mots : « De mon temps, cela était ainsi; jadis, cela s'est toujours vu. » Quelle critique enfin ne feront-ils pas de cet ouvrage où je heurte avec tant de hardiesse leurs opinions stationnaires. Je crois les entendre me lancer de nouveaux sarcasmes avec un chagrin mal dissimulé. Quel est donc, continueront-ils, ce téméraire qui prend si hautement le ton de réformateur ? A-t-il étudié à fond le sujet qu'il traite ? Connait-il toutes les règles de l'art ? Son goût est-il assez sûr, assez exercé ?.....

Eh ! messieurs, un peu d'indulgence, et daignez écouter un auteur modeste, qui promet d'avance de souscrire à vos réclamations, pourvu que le public, qu'il prend pour arbitre, les trouve solides et raisonnables.

Si je m'érige en Aristarque, si j'ai dénoncé de nombreux abus (1), je n'en conserverai pas moins une sage défiance de mes forces, et cette sévère impartialité dont un auteur qui se respecte ne doit jamais s'écarter. La justice sera toujours mon guide; aucune passion vile n'aura guidé ma plume, je pourrais dire mes pinceaux, si mon ouvrage est moins l'itinéraire sec et aride d'un voyage, qu'une galerie de tableaux où tout vit et respire.

L'amour du vrai beau, le sentiment des convenances, l'amélioration des mœurs, le perfectionnement des arts,

(1) Dans le cas où quelques abus dont il est parlé dans cet ouvrage, auraient été réformés depuis son impression, l'auteur prévient qu'il n'en est pas moins très-vrai qu'ils existaient au moment où il les a signalés.

sont les motifs qui m'ont engagé dans la carrière variée que je vais parcourir. Voir, observer, réfléchir, comparer, raisonner, juger en dernier ressort, classer mille objets divers, marier par des nuances imperceptibles tant de couleurs opposées, peindre enfin avec une scrupuleuse fidélité; telle était la tâche que je m'étais imposée : c'est au public à juger si je l'ai remplie.

VOYAGE

D'UN JEUNE GREC

A PARIS.

CHAPITRE PREMIER.

Philoménor né à Rhodes, fait ses études à Athènes. — M. Fauvel. — Le jeune grec quitte l'Achaïe. — Il se retire à Parga. — Il abandonne la Grèce. — Il fait voile pour l'Italie. — Il parcourt les états de cette presqu'île ; il se rend en Hollande et en Angleterre. — Il arrive en France et s'y fixe. — Son enthousiasme pour ce beau royaume. — Abus nombreux qui détruisent son enchantement. — Son indignation. — Ses reproches très-fondés.

En mil huit cent vingt un je fis à Paris la connaissance d'un jeune Grec, dont la famille était originaire de l'île de Rhodes. Cette liaison, fort agréable sous mille rapports, fut en quelque sorte la cause accidentelle de ce petit Panorama de Paris. Né dans l'opulence, Philoménor employa ses richesses à s'instruire ; après avoir parcouru les grands états du nord de l'Europe, une partie de l'Asie, de l'Égypte et les îles de l'Archipel, il s'était fixé dans la ville d'Athènes, où le célèbre M. Fauvel prit plaisir à faire naître dans cette âme neuve et susceptible des plus vives impressions et des plus nobles sentimens, un goût passionné pour les belles-lettres et les arts. Presque toujours le studieux élève accompagnait l'illustre antiquaire dans ses recherches savantes; et les momens qu'il ne donnait pas à la littérature grecque, latine et française, étaient employés à contempler les monumens que le temps et la barbarie avaient épargnés. Souvent, dès l'aurore, on le surprenait seul, et comme en extase, devant le Parthénon, les Propylées et le théâtre d'Athènes. (1)

Un matin, lord Elgin interrompt ses méditations; tout d'un coup des échafauds sont dressés, et notre jeune amateur voit briser, en peu de temps, sous le marteau des Anglais, la corniche du temple de Minerve, et tomber en mille morceaux les bas-reliefs magnifiques

(1) Que de charmes encor dans leurs restes flétris!

DELILLE.

de Phidias, dont les débris furent depuis transportés à Londres. Triste spectateur de l'enlèvement de ces marbres, naguères si précieux, maintenant si horriblement mutilés (1), et de ces pompeuses colonnes (2) remplacées par des maçonneries grossières, son cœur est ulcéré, sa tête est exaltée; en proie au chagrin le plus violent, il veut quitter ces lieux, qui pour lui n'avaient plus les mêmes attraits, ces lieux où chaque jour éclairait de nouvelles spoliations. (3)

En fuyant cette scène de ruines, qu'un faux

(1) « Il reste encore vingt-huit métopes aux deux « façades du temple de Minerve; une seule est passa- « blement conservée, celle de l'angle sud-ouest. » *Voyage dans le Levant*, par M. le comte de Forbin, directeur du Musée royal de Paris.

(2) « Au temple d'Erectée, on a pris la colonne an- « gulaire, de sorte qu'il faut soutenir aujourd'hui avec « une pile de pierre, l'entablement entier qui menace « ruine. » *Itinéraire de Paris à Jérusalem*, par M. de Châteaubriand, 1er volume.

(3) « Les Anglais ont encore emporté la statue de « Cérès Éleusine. Les destructions se multiplient avec « une telle rapidité dans la Grèce, que souvent un « voyageur n'aperçoit pas les moindres vestiges des « monumens qu'un autre voyageur a admirés quel-

amour des arts avait multipliées, Philoménor crut trouver un adoucissement à ses peines, en se retirant à Parga qui, soustraite par le courage de ses guerriers aux tyrans de la Grèce, avait su conserver, au sein du plus affreux despotisme, son culte, ses lois et son indépendance. Les malheurs (1) essuyés par cette ville héroïque l'obligèrent à s'éloigner entièrement d'un pays dont le bonheur semblait s'être envolé pour jamais.

D'autres raisons l'y déterminèrent. Comme l'immortel Visconti émigrant de sa patrie

« ques mois avant lui. » *Itinéraire de Paris à Jérusalem*, tome 1er.

(1) « Parga s'applaudissait de sa félicité,

. . . .

« . . . Moment terrible où Parga consternée
« Apprit que d'Albion les décrets inhumains
« Au joug des musulmans l'avaient abandonnée;

. . . .

. . . .

« Quels sanglots! quels adieux! quels cris se font entendre!
« Vers leurs tristes vaisseaux qu'ils ont peine à marcher!
« A la terre natale on les voit s'attacher,
« La presser dans leurs bras, l'arroser de leurs larmes;
« La voix des nautonniers ne les peut arracher
« A ce sol qui pour eux n'eut jamais tant de charmes.

pour suivre, sous un ciel étranger, les chefs-d'œuvre des arts, l'Apollon, le Gladiateur, le Laocoon; Philoménor, tourmenté par de doux et touchans souvenirs, voulut revoir encore une fois, en Angleterre, les objets de ses regrets et de ses admirations; il brûlait aussi de connaître la France, dont son premier instituteur lui avait fait une si riante peinture.

« Je traversai, me dit-il, cette Italie si renommée, où le dieu de l'harmonie a plus qu'ailleurs ses ministres et ses autels; je fus frappé de surprise à la vue de ses majestueuses antiquités et de ses élégans monumens modernes. Je m'embarquai à Gènes, et je fis voile pour la Hollande et l'Angleterre. J'eus à peine le temps de connaître les mœurs de ces différens pays. Cependant je

« Adieu! s'écriaient-ils, adieu! rive fleurie!
« Adieu! terre antique et chérie,
« Où nos cœurs ont battu pour la première fois!
« Adieu! malheureuse patrie. . . .

Ces vers si touchans sont extraits du poème de M. J. P. G. Viennet, capitaine au corps royal d'Etat-major, chevalier de Saint-Louis et de la Légion-d'Honneur.

fus singulièrement étonné des bizarres précautions inventées par la jalousie italienne, que dans vos dernières guerres mit si souvent en défaut la galanterie française. Je le fus davantage de la grave indifférence des Hollandais, dont plus d'une fois j'aurais eu l'occasion de profiter. Je ris encore, lorsque j'y songe, de la *susceptibilité grande* et de l'honneur intéressé des maris-Anglais qui, jusques dans les hautes classes de la société, ont la bonhommie de croire que quelques pièces d'or indemnisent et dédommagent suffisamment d'un affront indélébile chez la plupart des nations civilisées. Cela ne doit guère surprendre chez un peuple qui tolère encore l'usage, plus que barbare, de faire des femmes, même légitimes, argent et marchandise. Les exemples en sont rares, disent les défenseurs de l'Angleterre; excuse frivole, puisqu'ils ont eu lieu dans le siècle où nous vivons (1) : aussi ai-je été enchanté en apprenant que les auteurs comiques de vos petits théâtres se sont montrés les vengeurs du beau sexe de cette île.

(1) Voyez Londres et ses habitans en 1816, et les journaux plus récens.

Ils ont fait justice de cette coutume turque ou algérienne ; en traduisant sur la scène ces époux maussades et parjures, vos gais troubadours les ont livrés à la risée d'un public indigné. (1)

« Dégoûté bientôt de l'Angleterre, je restai peu de temps à Londres. Le *British Muséum*, objet de mon pélerinage, m'ayant causé plus de douleur que de consolation, je hâtai mon départ. On sait dans cette île végéter aussi bien qu'ailleurs ; mais on ignore l'art délicat d'y jouir de la vie comme à Paris. C'était donc avec raison que je désirais ardemment visiter ce royaume et cette capitale, qui sont devenus pour moi une nouvelle Grèce et une nouvelle Athènes. Avec quel inexprimable plaisir je considérais autrefois les temples, la tribune, les palais, les cirques, les théâtres de la patrie adoptive dont je me suis volontairement exilé ! mais ces lieux étaient muets ! Où sont, m'écriai-je alors, où sont les fêtes, les jeux, les danses, les courses, les luttes, les combats et les prix donnés aux vainqueurs ? O douleur ! tout a dis-

(1) Dans le vaudeville *Femme à vendre.*

paru ! Que dis-je ? un peu de cendre froide déposée dans quelques urnes de porphyre, c'est, hélas ! tout ce qui reste des nombreuses générations de tout un peuple ! Un éternel silence, interrompu seulement par le chant du Turc, le souffle des vents, le mugissement des mers et le balancement des forêts de lauriers, y remplace la voix éloquente des Eschille et des Isocrate, les brillantes déclamations des Sophocle et des Aristophane, et les applaudissemens de citoyens parvenus au plus haut degré de la civilisation. En France, mes illusions et mes souvenirs ont été réalisés. Dans la seule France, j'ai retrouvé la sagesse du portique et du lycée, les mœurs, les goûts, les usages, les talens, les chefs-d'œuvre de l'antiquité la plus vantée, et une variété de jouissances que nos ancêtres n'avaient pas même osé soupçonner. Là, j'ai conversé avec les plus grands hommes dans tous les genres; les Solon, les Démosthène, les Périclès, les Miltiade, les Euripide, les Socrate, les Alcibiade, les Zeuxis et les Phidias de votre siècle. Une noble émulation me saisissait en les écoutant. J'aurais voulu m'approprier leurs connaissances diverses, pour mieux sentir toutes les beautés de ce pays, où le génie oriental semble avoir transporté tous ses trésors. »

Tel était l'enthousiasme de mon jeune Grec; au bout de quelques mois son enchantement parut s'évanouir comme un songe ; doué d'un esprit extrêmement juste, ses voyages avaient formé son goût et lui avaient donné sur toute chose un tact aussi sûr qu'il était exquis. Sans cesse, je le voyais se recueillir, et pour ainsi dire s'enfoncer dans ses réflexions ; sans cesse, il raisonnait, il comparait et finissait souvent par censurer ce qui d'abord l'avait ébloui. Fortement attaché aux principes d'un beau réel et permanent, et d'un beau fictif et idéal, qu'il avait puisés dans l'étude des merveilles antiques, ces principes étaient devenus pour lui la base constante et invariable de tous ses jugemens et de toutes ses observations ; si quelquefois j'osais me moquer de la futilité de certaines critiques, il fronçait le sourcil, et me disait avec une espèce d'indignation : « Vous savez créer, mais vous ne savez pas conserver ; et dans les monumens qui appartiennent à un peuple moderne, je ne connais point de beau véritable sans la conservation. Vous êtes des barbares, ajoutait-il, en riant; j'aurais pour vous plus d'indulgence, si vous aviez moins de moyens pour devenir parfaits; et voilà précisément ce qui vous rend inexcusables à mes yeux. »

CHAPITRE II.

Philoménor assiste à une séance publique de l'Institut. — Ses idées sur les salles intérieures de ce monument. — Ses questions. — Mes conseils. — Pensée de Platon. — Piron. — Façades extérieures. — Réflexions de Philoménor à ce sujet. — Société des Amis des arts.

Cependant, à mesure que nous visitions les monumens publics, nos remarques devinrent plus étendues et plus importantes, et je crus que le voyage à Paris de ce nouvel Anacharsis pouvait être utile à mon pays.

Le lendemain de cet entretien, je le conduisis à une brillante séance de l'Institut. « Où suis-je? s'écria-t-il, en voyant les Bossuet, les Fénélon, les Sully, les Descartes et tant d'autres savans revivre en marbre pentélique dans le sanctuaire des arts et dans ses parvis. Je me félicite, ajouta-t-il, de retrouver ici les traits de Pascal, de La Fontaine, de Corneille, de Racine, de Rollin, de Montesquieu; mais pourquoi ce piédestal vacant n'est-il pas occupé par cet élégant Barthelemy, qui peignit si doctement les républiques de la Grèce dans les jours de leur splendeur ? Pourquoi n'y puis-je considérer ce brillant Choiseul-Gouffier, dont la plume légère retraça si fidèlement un peuple esclave et dégénéré au milieu des plus beaux sites et des ruines les plus historiques ? » A peine pouvais-je suffire aux questions de mon curieux étranger. Il voulait devenir un Lavater improvisateur ; il voulait reconnaître dans leur physionomie le genre de talent de chaque académicien. Je lui désignai MM. Dacier, Quatremere de Quincy, Sicard, Cuvier, Denon, Lacépède, Raynouard, Villemain, Laya, Ségur, Pastoret, Boissy d'Anglas, Campenon, Lemontey, Châteaubriand, Picard, Duval, Raoul-Rochette et Rémusat ; je l'engageai à se procurer leurs œuvres pour se compléter une bibliothèque qui réunît l'agréable à l'utile. L'Académie et l'assemblée étaient ce jour là au complet : le nombre des jolies femmes était presque plus considérable que celui des hommes de lettres. On n'avait lu que des morceaux de choix ; et en les écoutant, personne n'avait dormi. Philoménor était enchanté ; seulement il regrettait qu'il n'y eût point eu de musique. « Quelques mélodieuses symphonies étaient, me disait-il, une galanterie indispensable pour les dames. L'harmonie, selon le divin Platon, ajoutait-il, doit être par son heureuse influence (1) la compagne inséparable de toutes les grandes institutions, et, à plus forte raison, de toutes les réunions publiques et solennelles (2). Nous avons entendu les discours qui ont été couronnés. Il serait bien qu'on nous fît toujours connaître les fragmens les plus saillans des pièces qui, sans obtenir le prix, auraient mérité une mention honorable. Les Muses sont

(1) Tels sont les heureux résultats de la musique : la cadence et l'harmonie subjuguent profondément l'âme, et l'ébranlent avec une force inexprimable; en lui transmettant des impressions pleines de charmes, elles communiquent les graces les plus séduisantes à ceux qui cultivent cet art presque céleste. *République de Platon*, livre III.

(2) Nous allons traiter des rapsodes; c'est-à-dire, de ceux qui chantent les hymnes et les morceaux choisis des poëtes; nous parlerons ensuite de ceux qui les accompagnent, des combats du chant entre les différens chœurs, et de leur introduction nécessaire dans les *fêtes solennelles*. *Platon*, *Traité des lois*, livre VIII.

indulgentes; elles se plaisent à consoler leurs favoris au milieu de leurs disgraces. »

Lorsque je lui appris que sous le dôme de la grande salle de l'Institut étaient autrefois placés les restes et la statue funèbre du cardinal Mazarin, Philoménor ne put s'empêcher de s'écrier : « Qu'eût dit votre Piron s'il vivait encore? Aurait-on voulu faire une mauvaise plaisanterie, en mettant l'Académie dans un tombeau ? »

Au sortir de la séance, Philoménor fut étonné de l'état pitoyable des façades extérieures de l'édifice. « Si des raisons d'économie, me dit-il, s'opposent, dans ce moment, à la création de nouveaux palais destinés aux lettres, aux sciences et aux beaux-arts, rien au moins ne doit vous faire négliger la restauration nécessaire de ceux qui existent. »

« Votre projet, lui répondis-je, ne peut être présenté dans un moment plus opportun; une association dont le but est d'encourager les artistes, s'est formée récemment dans Paris; composée des hommes les plus illustres par leur naissance, leurs dignités et leurs talens, elle vient d'obtenir l'insigne faveur d'avoir pour protectrice une auguste princesse dont les arts font une des plus douces consolations. » (1)

(1) Madame la duchesse de Berri s'est formé à Paris un charmant Musée dans le goût de ceux d'Italie, où des tableaux anciens et modernes se trouvent mêlés avec des vases, des bustes, des raretés de toute espèce.

CHAPITRE III.

Sur le bien que la Société des Amis des arts peut produire en étendant les premières attributions de sa destination. — Palais. — Hospices. — Mendicité. — Fondation d'un hôtel des Invalides religieux et d'un hôtel des Invalides civils. — Vers de Gilbert.

« JAMAIS société ne deviendrait plus chère à la patrie, ajoutai-je, si ne se bornant point à protéger par des encouragemens quelques petits chefs-d'œuvre sur lesquels glisse légèrement l'œil du vulgaire, elle daignait s'intéresser au rétablissement, à l'ornement, à la conservation de ces grandes masses, de ces magnifiques édifices, de ces superbes monumens qui frappent d'étonnement l'amateur le moins exercé, et qui font véritablement la gloire des monarques et des nations ; si, en fixant son attention sur ces palais enchantés, sur ces somptueuses conceptions du génie français, elle s'occupait encore de multiplier les simples et modestes asiles déjà établis dans la capitale, où la pauvreté laborieuse pût exercer tous les genres d'industrie, où l'indigence infirme trouvât des secours assurés; et si, par ces institutions véritablement libérales, elle réussissait à détruire le fléau de la mendicité (1), ce fléau, la honte d'un peuple destiné par la nature à jouer un des premiers rôles en Europe.

« L'établissement d'une autre maison de secours, absolument nécessaire en France, d'une maison d'invalides religieux, destinée à recevoir cette classe d'hommes indispensables dans toute societé policée, devrait être provoquée par les vrais philantropes, ne fût-ce que par respect pour la dignité nationale. Je veux parler de la fondation dans chaque département, d'une maison d'asile ou de refuge pour les ministres du culte de l'état, infirmes ou sans emploi, et dans laquelle ils trouveraient une existence assurée et les premiers besoins de la vie satisfaits. Une telle perspective pour leurs vieux jours les rendrait moins rares; la morale y gagnerait, et ils en seraient plus

(1) Le roi des Pays-Bas en a senti le besoin, en arrêtant que les mendians valides seront transportés aux colonies par la société de bienfaisance.

respectés. Je crois connaître assez les Français, pour être convaincu qu'il n'est pas même un vrai philosophe qui ne me dît à ce sujet avec Térence : Vous avez raison; *et nihil humanum a me alienum puto*. Mais où sont les fonds? C'est la plus forte objection. Où sont-ils? Je répondrai : Tous les Montyon (1) ne sont pas morts dans ce pays renommé par une bienfaisance si journalière et si active.

« Une fois l'établissement ouvert et préparé par les soins du gouvernement, la libéralité des cœurs généreux, et un franc seulement pris chaque année sur le traitement des prêtres en activité (2), auraient bientôt assuré les capitaux nécessaires pour l'entretien de ce pieux hospice.

« Peut-être ne serait-il pas indigne de la

(1) Cet homme aussi bienfaisant que modeste qui, sous le voile de l'anonyme, employait son immense fortune à soulager tous les genres de malheurs, à récompenser les vertus les plus ignorées et à protéger par des prix d'encouragement les arts, les sciences et les lettres.

(2) Auquel on joindrait les sommes que le gouvernement affecte annuellement à cet usage.

patrie des lettres et des arts, d'établir dans les cinq grandes villes du royaume, Paris compris, Lyon, Strasbourg, Nantes et Bordeaux, des hôtels d'invalides pour les artistes et les hommes de génie, rarement économes, et par suite de ce défaut de prévoyance, malheureux dans leurs vieux jours. Il serait honteux pour un siècle tel que le nôtre, de voir un Homère (1), un Le Camoens (2), un Le Tasse (3), un Cervantes (4), un Malfilâtre (5), un Dorvigny (6), un Della-

(1) Huit cents ans avant l'ère chrétienne, Homère fut réduit à mendier pour vivre.

(2) Le Camoëns, né en 1517, périt à l'hôpital en 1579.

(3) Le Tasse, né en 1544; l'indigence et les privations en tout genre avancèrent sa fin en 1595.

(4) Cervantes, né en 1547, fut accablé de besoins et d'infirmités, et mourut dans un abandon presqu'absolu en 1706.

(5) Malfilâtre, connu par l'*Ode au Soleil* et le poème de *Narcisse*, né à Caen, en Normandie, fut obligé de changer de nom, pour se soustraire aux poursuites de ses créanciers; mort à Paris, près le cloître Saint-Germain-l'Auxerrois, chez la femme d'un tapissier qui l'avait recueilli par charité.

(6) Dorvigny, né vers 1734, acteur comique, et

maria (7), un Gilbert (8), confondus dans un hôpital avec les derniers des humains. Alors aucun homme de lettres ne serait plus autorisé à répéter avec ce dernier poète, ces lamentables vers :

« Au banquet de la vie, infortuné convive,
« J'apparus un jour, et je meurs !
« Je meurs ! et sur ma tombe où lentement j'arrive,
« Nul ne viendra verser des pleurs.

auteur de *Jeannot ou les battus payent l'amende*, de *l'Oncle Valet*, *du Vieux Château*, du *Désespoir de Jocrisse*, des *Fausses Consultations*, et autres pièces ; mort dans un grenier en 1812.

(7) Dellamaria, né à Marseille en 1778, composa la musique du *Prisonnier*, de *l'Opéra comique*, et expira de faim sur une borne de la rue Richelieu.

(8) Gilbert, né en 1751, en Lorraine, victime de trop beaux vers dirigés contre des hommes puissans, mourut à l'Hôtel-Dieu, en 1780.

CHAPITRE IV.

Moyens faciles d'embellir Paris et d'en faire disparaître les plus ignobles quartiers, tout en conservant les monumens les plus remarquables. — Indication sommaire des principales antiquités de Paris. — Plaintes fondées sur la destruction des plus beaux édifices de France. — Château de Chambord. — Comment on peut préserver les édifices célèbres des ravages du vandalisme. — Fontaines de Paris. — Purification des eaux. — Projets du docteur Doé. — Nouvel édifice thermal. — Tableau de Paris, en suivant les plans de l'auteur.

« De nouveaux tributs d'hommages seraient encore prodigués à la réunion des Amis des arts, si, autorisée par des ordonnances royales, cette société proposait successivement, chaque année, des transactions aussi utiles, dans leur ensemble, pour le gouvernement, que lucratives, dans leurs détails, pour les particuliers.

« Si cette société, dis-je, engageait de riches capitalistes à se rendre ajudicataires des plus ignobles quartiers de Paris, et à les rebâtir à neuf(1), sous la condition expresse de payer aux propriétaires actuels les indemni-

(1) Ce que je propose est exécuté chaque jour à Londres par des compagnies qui achètent les vieilles maisons d'un quartier, et les font rebâtir à leurs frais. Dans ces nouvelles constructions, chaque nouvelle habitation a souvent un petit jardin attenant. Au centre des places ou *squares* est une enceinte entourée de grilles, et ornée intérieurement de gazons, de fleurs, d'arbres et d'arbrisseaux, pour y entretenir la fraîcheur et y renouveler l'air, si favorable à la conservation de la santé. Les charmantes plantations dont je viens de parler, environnent dans certains squares des statues quelquefois équestres, (*a*) mais presque toujours en marbre ou en bronze. Ces promenades fermées aux étrangers, sont ouvertes aux personnes qui ont acquis le droit d'y entrer. Dans quelques soirées du dimanche, au mois de juin 1815, on exécuta des symphonies à *Portman Square*, malgré l'usage qui proscrit ce jour-là tout divertissement public à Londres; mais quelques pieux personnages ayant trouvé ces plaisirs trop mondains, ce genre d'amusement fut défendu. De riches propriétaires encouragent singulièrement les entreprises des compagnies que j'ai citées. Le duc de Bedfort céda il y a

(*a*) Guillaume III dans Leicester Square; Georges Ier dans Hanover Square; Georges III dans Saint James Square.

tés fixées par de justes estimations; si, dans les constructions nouvelles, on suivait constamment un plan où des rues symétriquement alignées (1), où des places spacieuses

quelques années un terrain immense placé devant son hôtel à des particuliers qui y firent bâtir un grand nombre de maisons et des squares. Ces édifices composent maintenant une nouvelle ville qui joint pour ainsi dire Londres à Sommerstown. J'ajouterai que par suite du marché conclu avec les acquéreurs de ce vaste domaine, la fortune du noble lord, déjà très-considérable (sept millions de francs de rente), doit sous peu devenir immense. Enfin, Georges IV, n'étant que prince régent, fit ouvrir une rue devant son palais; c'est la plus belle de la capitale. Tels sont les effets d'un vrai patriotisme.

(1) On contraint le propriétaire qui bâtit sur la voie publique à recevoir et à suivre l'alignement qui lui est tracé par l'autorité compétente; la même puissance n'aurait-elle point droit de le forcer à mettre la corniche de l'édifice qu'il construit de niveau avec celle de son voisin, et d'empêcher par là cette inégalité de toitures, toujours désagréable pour des yeux amis d'une belle uniformité? Si cette mesure n'est point, comme je le crois, contraire aux lois et dépend absolument de la volonté municipale, au moins pour les terrains vendus par le gouvernement et la cité, pourquoi ne la met-on pas à exécution dans les nouvelles cons-

dégageraient avec une sorte de respect les anciens édifices, même les ruines (1), et

tructions des rues Godot et de la Paix? J'ai entendu dire à des hommes d'un grand mérite que cette uniformité perpétuelle des bâtimens était fatigante à la longue (ils citaient Londres comme exemple); mais jamais l'alignement de l'édifice, des fenêtres et du toit, ne produira ce désagréable effet, en supposant surtout que cette triple exigeance n'exclurait point la diversité des ornemens tels que péristyles, colonnades, bas-reliefs pour les grands hôtels et les palais. La monotonie des autres maisons rendrait ces décors plus saillans; mais enfin, et c'est l'objection la plus forte, vous empiétez, ajoute-t-on, sur la liberté qu'a tout individu de bâtir à sa fantaisie; et je réponds que cette liberté reçoit un bien plus grand échec et se trouve blessée bien davantage lorsque, pour élargir la voie publique, on fait perdre au propriétaire de telle maison plusieurs toises carrées du sol qu'il habitait. Ce sacrifice, que lui impose la loi maintenant en vigueur, est très-réel; celui que je propose est bien moindre; il est presque imaginaire et fictif.

(1) On se montre aujourd'hui bien éloigné de ces idées conservatrices. Pour prolonger la rue d'Artois jusque dans la rue Saint-Lazare, on vient de démolir l'hôtel Thélusson, un des plus pittoresques de Paris, et même l'arcade d'entrée, monument qui ne nuisant point au passage, eût pu subsister comme souvenir et décoration pour ce quartier. On ne sait encore par

leurs précieux débris, qui seraient conservés et restaurés, lorsque de grands souvenirs historiques et littéraires se rattacheraient à leur existence.

« Je puis vous citer entre autres les Thermes de Julien dont un excellent peintre, M. Bouton, a très-bien esquissé dans un de ses tableaux le genre de restauration convenable. On en pourrait faire une succursale du Musée, et y placer les statues et les sculptures du Bas-Empire. Aucun édifice, mon cher Grec, ne serait plus propre à les recevoir.

« Puisse-t-on ne jamais renverser ces tours antiques, restes du palais des Clovis (1), et de Saint-Louis (2), la maison du chanoine Fulbert (3), ces hôtels de la Tré-

quel esprit de vertige on détruisit, quelques années avant la révolution, la porte Saint-Antoine, restaurée sous Louis XIV, et couverte de bas-reliefs sculptés par Jean Goujon.

(1) Tour de Saint-Jean-de-Latran, montagne Sainte-Geneviève.

(2) Tour dite de l'Horloge et autres contiguës, qui, vues des quais et des points les plus éloignés, font un charmant effet dans la perspective.

(3) Cloître Notre-Dame, rue des Chantres.

mouille (4), de Sens (5), de Mesme (6), de Sully (7), de La Rochefoucault (8), de Beauvais (9), Carnavalet (10), de Lamoi-

(4) Rue des Bourdonnais, enseigne de la Couronne d'or, hôtel précédemment occupé par Philippe-le-Bel; par Philippe, duc d'Orléans, frère du roi Jean; par Gui de la Trémouille; par le chancelier Dubourg, ensuite par le président de Bellièvre, et maintenant par un teinturier et un marchand de soieries. Une tourelle, soutenue par deux colonnes, quelques sculptures élégantes, s'y détachent à travers de nouvelles constructions.

(5) Hôtel du cardinal Duprat, rue des Barres.

(6) Rue Saint-Avoye, où mourut Anne de Montmorency, le siége de la banque de Law.

(7) Rue Saint-Antoine, n° 143, bâti, dit-on, par Henri IV; il fut également habité par M. Turgot, dont on y voit le portrait, et par le marquis de Boisgelin. En 1818 on y trouvait un café, des billards. Cet hôtel, orné de statues en pierre et de peintures, a été parfaitement restauré par le propriétaire actuel. C'est là qu'est placée l'Ecole spéciale du commerce.

(8) Rue de Seine, où demeurait Turenne, habitation d'un libraire.

(9) Rue Saint-Antoine.

(10) Occupé maintenant par l'Ecole spéciale des ponts-et-chaussées. L'hôtel de Carnavalet, rue Culture Sainte-Catherine, n° 27, est célèbre par

gnon (11), de Soubise (12) et de Lambert (13), où dépérissent des plafonds décorés par les Lebrun et les Mignard, dont les peintures, si elles étaient enlevées par les procédés connus, seraient beaucoup mieux dans nos musées.

« Puisse-t-on conserver et restaurer les portraits en fresque des Duguesclin et des Montluc, précieux par la ressemblance, et qui se voyent dans l'enceinte extérieure de l'hôtel de la police! Puisse-t-on arrêter enfin la des-

Mme de Sévigné, qui l'habita quelque temps avec Mme de Grignan, sa fille, et par les sculptures de Jean Goujon, défigurées dans l'intérieur de la cour, comme celles du Palais de Justice, rue de la Barillerie, par d'énormes tuyaux de poèles qui noircissent l'édifice et interceptent la vue d'une partie des bas-reliefs. Conçoit-on bien en 1823 une pareille barbarie?

(11) Président à qui Boileau adressa une épître. Cet hôtel est malheureusement masqué par quelques bâtimens modernes peu assortis avec son antique architecture, rue Pavée, n° 24.

(12) Dépôt des archives des divers ministères, et imprimerie royale; d'une architecture remarquable.

(13) Ile Saint-Louis, hôtel où fut établi une pension, et métamorphosé depuis en magasin.

truction des chefs-d'œuvre (14) de nos plus illustres architectes, des Bulland (15), des Mansard (16), des Le Nôtre (17), que des visigots

(14) L'intérêt de l'art semblerait exiger que l'on prît définitivement de sages mesures pour conserver tant de belles antiquités éparses dans les campagnes de France : entre autres je citerai les forteresses de Coucy dans le Laonnais; la maison de la reine Blanche si pittoresquement placée dans les bois et sur les bords des lacs de Chantilly. Ne devrait-on pas imiter la conduite de cet estimable Français dont je regrette de ne pas savoir le nom, qui a dernièrement acheté les restes magnifiques du château de Pierre-Fonds, situé sur la lisière de la forêt de Compiègne, dans le seul but de les entretenir et d'en empêcher la ruine totale? Ce château, bâti par le duc d'Orléans, frère de Charles VI, en 1390, possédé par Henri V, roi d'Angleterre, en 1421, fut démantelé sous Louis XIII.

(15) Florissait en 1540; il bâtit Ecouen.

(16) On doit à Jules-Hardouin Mansard le dôme des Invalides, la galerie du Palais-Royal, la place de Louis-le-Grand, celle des Victoires, la cascade de Saint-Cloud, le château et la chapelle de Versailles;

François Mansard inventa cette sorte de couverture nommée mansarde. Il donna les plans du portail des Minimes, de la place Royale, de l'hôtel des Comptes, de celui de Bouillon, de celui de Toulouse, de l'hôtel de Jares, de l'église du Val-de-Grâce, etc.

(17) Le Nôtre, aussi célèbre par l'à-propos de ses

n'achètent que pour les dépécer et les abattre! » « Cela est assez difficile, me dit Philoménor. Cependant, lorsque la nécessité ou le caprice des propriétaires détruit ces monumens, on recueillerait avec avantage quelques-uns des plus beaux débris, pour les replacer dans les jardins paysagistes des châteaux de la couronne. Ces ruines véritables vaudraient beaucoup mieux que ces antiquités factices, nouvelles encore au bout d'un demi-siècle. Et cet exemple, donné par le gouvernement, serait probablement suivi par les Lucullus de votre patrie. » — « Ce serait précisément adopter, repris-je, le précepte du célèbre abbé Delille :

> Mettez donc à profit ces restes révérés,
> Augustes ou touchans, profanes ou sacrés;
> Mais loin ces monumens dont la ruine feinte
> Imite mal du Temps l'inimitable empreinte !
>
> DELILLE.

Hélas! j'ai vu tomber les créneaux et les tou-

réponses que par ses talens, fit à Saint-Germain la fameuse terrasse, dessina les jardins de Versailles, de Clagny, de Chantilly, de Saint-Cloud, de Meudon, et les décora de grottes, de colonnades et de portiques.

relles du manoir de Bayard, et la galerie de Richelieu (1); j'ai vu raser le château de Montmorency (2), et disparaître celui de Saint-Ouen (3). Dans ce moment on abat les magnificences de Chanteloup (4).

« O Chambord! ô séjour du père des lettres! vos souvenirs antiques ne s'évanouiront point pour les vrais Français. Le triste voyageur ne demandera point où furent vos fondemens, comme autrefois, j'ai cherché moi-même, au milieu des ronces et des épines, les vestiges des douze palais du Soleil qui décoraient Marly; déjà cependant la hache des vampires était levée sur vous; déjà la sordide avarice avait supputé mathématiquement la valeur du fer, des plombs, des marbres, des décom-

(1) Que sont devenues les peintures de cette galerie que les étrangers allaient admirer avec autant de curiosité que celle de Versailles?

(2) Vendu à très-vil prix; la bande noire a fait un bénéfice énorme; les amateurs déplorent la perte des peintures évaluées à près d'un million.

(3) Relevé par la munificence royale.

(4) Chanté dans ces vers de Delille :

« Admirez . . . .
« Chanteloup fier encor de l'exil de son maître.

Poème des Jardins, chant premier.

bres de vos tours royales, de vos somptueuses galeries, de vos magnifiques appartemens. Le patriotisme des villes de France l'emporte enfin sur les calculs de la plus basse cupidité; et l'héritage de François Ier deviendra le patrimoine du jeune prince, qui, avec plus de bonheur que le prisonnier de Pavie, fera briller parmi nous son héroïsme et sa grande âme. » — « J'en accepte l'heureux augure, me dit mon Grec; en attendant cette époque fortunée, j'indiquerai un moyen pour conserver et transmettre à la postérité la mémoire des lieux habités par vos glorieux ancêtres. Ce moyen n'est pas nouveau, il a déjà été mis en usage dans plusieurs villes de France (1).

« Je placerais le buste ou la statue d'un homme célèbre dans l'endroit le plus apparent de l'hôtel qu'il occupait, et j'écrirais en lettres d'or : Ici vécut Turenne; ici mourut Villars; là demeurait Mme de Sévigné; là Mme de Maintenon; là Boileau écrivit l'Art poétique et ses belles satires (2); ici Racine composa

(1) En Normandie, patrie de Malherbe.

(2) Boileau habitait la cour de la Sainte-Chapelle.

Esther et Athalie (1), etc. Quel Français pourrait, sans une espèce de sacrilége, effacer ces inscriptions et déplacer ces vénérables images? »—« Votre projet, repris-je, est excellent; il embellirait Paris, qui deviendrait encore la plus saine ville de l'univers, si, pour compléter ce système de salubrité, on exécutait les plans du docteur Doé, ce véritable ami des hommes, titre si justement acquis par la plupart des médecins français, dont l'héroïsme pendant la paix, est aussi grand que celui de nos soldats pendant la guerre. « Il est fâcheux, dit-il, dans une « lettre récemment publiée, et il peut devenir funeste que les deux pompes à vapeur « de Chaillot et du Gros-Caillou ayent leur « prise d'eau dans la partie la plus malsaine du « fleuve, au-dessous des ports, des égoûts, et « si près du foyer d'infection, qu'il est impossible que l'eau dans son cours ait recouvré sa première pureté. (2)

(1) Racine, rue des Maçons.

(2) « En épargnant de tristes détails sur l'infection « de la Seine par les matières hétérogènes de la « Bièvre, des éviers de l'Hôtel-Dieu, des bains, « et des autres immondices sans cesse remuées, agi-

« Sans doute dans l'état actuel de la situa-
« tion physique de Paris, le service des fon-
« taines (trop peu abondantes pour les be-
« soins de ses habitans,) ne saurait se faire,
« ni plus sûrement, ni plus régulièrement
« ou plus abondamment que par une machine
« à vapeur. Mais la question est celle de l'em-
« placement de cette machine; et si, pour
« quelques bouts de tuyaux de plus, on n'au-
« rait pas dû placer plutôt la prise d'eau au-
« dessus de Paris, à la hauteur de Bercy, et
« même de Conflans, avant la jonction de la
« Marne à la Seine, en construisant un châ-

« tées dans le canal de la Seine par les rames, les
« avirons des bateaux, les filets des pêcheurs, les
« opérations de l'extraction du sable, le brisement
« des flots aux piles des ponts et le mouvement de la
« buanderie, qui emploie un si grand nombre de ba-
« teaux emplacés dans le propre thalweg du fleuve,
« je passerai sous silence les résultats affligeans
« des autopsies cadavériques, les épidémies nom-
« breuses arrivées à Paris par l'insalubrité de l'eau,
« suffisamment attestées par des savans du mérite de
« M. de Jussieu; je veux même faire grâce du témoi-
« gnage des propres employés des pompes, qui
« avouent la mauvaise qualité de l'eau qu'ils four-
« nissent. » *Lettre de M. Doé. Miroir.*

« teau d'eau élégant qui servirait à la décora-
« tion de ces lieux, et qui par l'excès de son
« niveau sur tous les édifices de Paris, exi-
« gerait moins de dépense, en donnant des
« résultats plus avantageux.

« Alors, au moyen d'un aqueduc, qui ne
« serait pas la vingtième partie d'un des
« moins considérables de Rome, on donne-
« rait aux habitans de la capitale le bienfait
« inappréciable d'une eau vive et limpide
« que rien depuis sa source n'altère nota-
« blement. »

« Il me semble, reprit Philoménor, qu'un spéculateur aurait une idée fort heureuse s'il établissait un édifice thermal près de Bercy, dont les eaux n'auraient certainement pas cette odeur fade qui vous frappe et vous saisit en prenant des bains, soit au Pont-Marie, au Pont-Neuf, ou près le Pont-Royal. »

« Si les avantages d'un pareil établissement, lui dis-je, sentis à la seule réflexion, étaient vantés et recommandés par nos premiers docteurs, il serait bientôt très-fréquenté, surtout dans la belle saison. Que de biens, mon cher Grec, résulteraient du déplacement des pompes à vapeur et des autres mesures que je propose! Paris, cette métropole des arts, déjà si favorisé par la douceur de son climat, par son heureuse situation, par la variété des plaisirs et des jouissances, acquièrerait en moins d'un demi-siècle l'antique splendeur de Babylone, de Persépolis, d'Athènes, de Rome et de Palmyre; ou plutôt on croirait retrouver ces villes dans son enceinte. Purifié par les eaux de fontaines innombrables et salutaires, par la disparition totale de maisons étroites et entassées, de rues petites et immondes, dont les vapeurs infectaient l'atmosphère, Paris perdrait son nom; ce ne serait plus la Lutèce de César. (1)

« L'air de la capitale, désormais pur et salubre, ferait pour toujours de cette admirable cité une nouvelle Épidaure, où tous les peuples de la terre viendraient chercher le bonheur et la santé. »

(1) Ville de boue, du mot *lutum*.

CHAPITRE V.

Il faut être constant dans l'exécution des plans mûrement réfléchis et arrêtés; — Puérilité des décors employés dans les fêtes et cérémonies d'apparat. — Moyen d'y remédier. — Rétablir quelques réglemens de l'ancienne Académie. — Combien il est dangereux de laisser sortir de France des chefs-d'œuvre introuvables. — Regrets de l'auteur sur leur disparition et leur sortie de France. — Exemples frappans. — Collection Fesch. — Magnifique Paul-Potter. — Armure du chevalier La Hire. — Introduction en France d'une loi romaine conservatrice. — Non-seulement il faut conserver, mais faire encore de nouvelles acquisitions. — Anathême lancé sur certains artistes. — Moyens de se procurer de nouvelles richesses en antiques. — Voyages en Grèce, en Italie, d'un homme célèbre. — Espérances trompées des amateurs des arts. — Facilité de découvrir de nouveaux monumens. — Pêche monumentale du Tibre.

« Jamais la Société des Amis des arts n'aurait, selon moi, plus de droits à la reconnaissance générale, si elle faisait sentir que des plans une fois arrêtés, d'après un mûr examen, ne doivent plus recevoir aucune modification des architectes qui souvent se succèdent dans le même emploi avec une si grande rapidité, et que tant de passions diverses portent à critiquer les opérations de leurs confrères.

« Oui, j'oserai l'affirmer, sans cette constante persévérance à suivre scrupuleusement des projets définitivement adoptés, lorsqu'ils ont été tracés par un homme de génie, jamais nous n'aurons de beaux monumens, parce qu'ils ne seront que le composé d'idées incohérentes (1), et non le produit d'une idée simple et unique dans tous ses rapports. Cette observation paraîtra d'autant plus importante, qu'on a proposé, dit-on, de faire subir les plus grandes métamorphoses à certains embellissemens de Paris déjà fort avancés, tels que la fontaine de l'Éléphant, dont les frais énormes sont plus qu'à moitié faits; monument qui, malgré les censures, n'en serait pas moins digne de la nation française. On blâme les œuvres de ses prédécesseurs; et les dessins, les travaux éphémères de certains

(1) Le Vatican à Rome en est la preuve.

artistes en place paraissent souvent être le fruit de conceptions puériles, comme il est aisé de s'en convaincre en se rappelant ces anges de planches découpées, ces fleurs en peinture que l'on a vus si ridiculement figurer, depuis trois ans, aux reposoirs du Louvre, lorsque la pompe des lieux exigerait exclusivement des statues de bronze et des corbeilles remplies de tous les trésors de la nature. (1)

« Perdons un instant de vue ces riantes cé-

(1) Ce défaut de goût, cette absence des convenances, disparaîtraient si les vrais artistes étaient mieux connus et surtout employés ; si l'on faisait revivre dans la quatrième classe de l'Institut les anciens réglemens de l'Académie, dont avant la révolution le nombre des sociétaires était illimité, et où l'on n'obtenait ce titre qu'après avoir disputé l'*honneur d'y être admis en faisant un chef-d'œuvre.* Un des grands ridicules de la nouvelle organisation, est, selon nous, que, passé trente ans, on ne puisse plus concourir pour les grands prix de peinture, sculpture, architecture, comme s'il n'existait pas des talens qui n'acquièrent leur véritable développement que dans l'âge mûr. Un autre article, infiniment préjudiciable à l'art, doit être remarqué. On n'obtient plus le droit de professer à soixante ans, âge où l'expérience a

rémonies. Dans ces commémorations funèbres qui doivent durer autant que la monarchie, quel effet produisent ces catafalques, ces urnes, ces patères en bois peint et argenté ? Je suis toujours plus surpris de ne pas voir à Saint-Denis plus de vases d'argent ou d'albâtre ; un mausolée, soit en stuc*, soit en tôle moirée, soit en pièces de marbre, qu'avec quelques soins on pourrait chaque année ajuster ou désunir à volonté. Ces riches accessoires s'accorderaient parfaitement avec les voiles de crêpe, le manteau d'or, de velours et d'hermine qui cachent à demi le sceptre, la couronne et l'urne sépulcrale.

« Jamais la Société des Amis des arts ne deviendrait plus précieuse à la patrie, si, en se rapprochant du but principal de son insti-

réuni le plus de préceptes et où la mémoire est si riche d'observations. Il semble, comme l'a dit M. Deseine, qu'on ait oublié que ce fut à cet âge que Lebrun peignit ses batailles d'Alexandre, et que Julien avait plus de soixante-dix ans lorsqu'il mit la dernière main à sa statue du Poussin ; et qu'enfin Bouchardon, arrivé fort tard à la réputation d'un homme de mérite, fit la statue de Louis XV. (*Notice historique sur les anciennes académies de peinture, sculpture de Paris, et celle d'architecture.*)

tution primitive, elle procurait chaque année de nouveaux modèles aux artistes, en empêchant de sortir de France, par des achats bien entendus, tant de chefs-d'œuvre antiques et contemporains, que les estimations trop basses des appréciateurs de nos musées et le plus dangereux cosmopolisme laissent souvent passer à l'étranger, qui très-sagement profite de nos fautes. Rien ne prouve mieux combien il serait important de modifier la composition de cette espèce d'aréopage réputé presqu'infaillible, que les faits que je suis à même de vous conter, faits qui démontrent que leurs jugemens ne devraient pas être sans appel. Un amateur, qui avait besoin d'argent, mit en dépôt un Van Dyk chez un fonctionnaire public. Ce portrait fut estimé valoir à peine huit cents francs par quelques experts du Musée qui avaient été consultés. Nonobstant cette faible appréciation, le dépositaire, plus vrai connaisseur, prêta six mille francs, pour un temps indéfini, au propriétaire de ce tableau, qui, quelques mois après, ayant probablement trouvé l'occasion de le vendre plus cher, le retira des mains du prêteur, en lui remboursant entièrement la somme de six mille francs qu'il en avait reçue. Voici d'autres anecdotes que je puis garantir. Un magnifique Paul Potter était à vendre; et, comme l'on sait, nous n'en avons que deux au Musée du Louvre et deux autres à l'Élysée Bourbon. Au Louvre, un seul est achevé; le plus grand n'est qu'une belle esquisse : l'autorité fut avertie à temps, elle envoya ses experts. Le Paul Potter fut visité, lorgné, examiné, battu à froid, la chose se devine; ce tableau ne sortait point des magasins de ces messieurs, pas même de ceux de leurs confrères; et pendant qu'ils mésoffraient, le possesseur de ce chef-d'œuvre, impatienté de tant de pourparlers et de délais, le vendit ou le troqua. Il est, dit-on, passé en Allemagne. Par suite encore des mêmes temporisations, le Musée d'artillerie n'a pu recouvrer, malgré les offres les plus séduisantes mais tardives, l'armure du chevalier La Hire, frère d'armes de Jeanne d'Arc, armure dont l'authenticité paraissait constatée par une tradition (1) respectable. C'est l'Angleterre qui possède maintenant ce précieux trophée.

(1) Cette armure avait appartenu à M. l'abbé de

« On a laissé acheter par la Russie, pour la somme modique de douze à quatorze cent mille francs, une grande partie de la précieuse collection de la Malmaison, si riche en antiques, en tableaux de toutes les écoles, notamment en Claude Lorrain, en Paul Potter, en Rembrant, en statues de Canova, en raretés de toute espèce. La Prusse a traité de la galerie Justiniani, dont nous eussions pu nous réserver les morceaux les plus remarquables.

« A la vente du mobilier du cardinal Fesch, pour quelques mille francs de plus ou de moins, nous avons perdu des bas-reliefs admirables, des vases d'albâtre fleuri (1), des statues, un buste de Cicéron en marbre, origi-

Tressan, décédé à l'Abbaye-au-Bois, ensuite à M. le duc de Saulx-Tavaunes, pair de France, mort en son hôtel, rue de Fleurus.

(1) Dénomination que les Italiens ont donnée aux jaspes et à certains albâtres qui se distinguent par une multitude de nuances vives analogues à celles des fleurs; c'est l'onix des anciens. La *Minéralogie* appliquée aux arts par M. Brard, ancien directeur des mines en Savoie, tome 2, page 402.

nal unique, que lord Wellington a transporté, dit-on, dans un de ses palais en Angleterre. Cette année, le superbe cabinet de M. Crawfurt a été dispersé peut-être aux quatre coins de l'Europe (1). J'ai eu même la douleur de voir les portraits des personnages les plus illustres, peints par les plus grands maîtres des différens siècles et des différentes écoles, passer entre les mains de simples particuliers, lorsqu'ils auraient dû compléter les collections du Musée, ou du moins rentrer dans les châteaux royaux, dont la plupart étaient sortis. Je puis vous affirmer qu'un Amour bandant son arc, faisant partie de la même galerie, est passé entre les mains de deux artistes, et qu'il fut peu de temps après marchandé pour le

(1) Nous n'avons vu jusqu'ici au Musée qu'un seul portrait de la collection de M. Crawfurt, celui de Bossuet, par Rigault; on a depuis acheté, pour le Luxembourg, la Psyché de Gérard; mais nous avons vu livrer à l'étranger, pour seize ou dix-huit mille francs, la vie de l'Amour (*a*), en six tableaux, qui auraient si bien décoré notre Musée moderne. Ces Amours, dont les figures et les attitudes étaient si variées, si délicieuses, sont actuellement en Russie.

(*a*) Vente du général Rapp.

roi de Prusse. Cet Amour se voyait autrefois (en 1814) dans l'ancien Musée ; la France laissera-t-elle échapper ce chef-d'œuvre ? Si l'administration ne juge pas à propos d'augmenter dans sa collection les œuvres d'artistes dont elle possède déjà beaucoup d'originaux, au moins devrait-elle saisir l'occasion, lorsqu'elle se présente, de s'enrichir des productions des peintres ou des statuaires dont elle n'a pas une seule composition, telles que certains tableaux que j'ai vus dans les cabinets de M. de St.-Victor et de M. Miron ; je vous parlerai spécialement d'un tableau de genre qui m'a paru très-intéressant (1) ; il est vulgairement connu sous le nom des Musiciens ambulans, par Diétrick ; on croit y voir respirer les personnages ; le son de leurs instrumens semble sortir de la toile et frapper votre oreille de la plus douce harmonie.

« Ignore-t-on que nos marchands d'antiques possèdent encore dans ce moment beaucoup de meubles magnifiques, parfaitement conservés, et que l'on voyait jadis au Louvre, sous

(1) C'est, m'a-t-on assuré, un amateur français qui en a fait l'acquisition.

les Valois, Henri IV et ses successeurs, et qui seraient beaucoup mieux placés dans quelques appartemens de Fontainebleau ou de Chambord, que ces meubles modernes qui contrastent si mal avec l'architecture du siècle de François Ier, tels entre autres, on nous a montré dans un seul magasin un magnifique bureau renfermant une statue de jaspe et de pierres précieuses; deux nègres appartenant au genre de sculpture polychrôme (1), offerts à Louis XIV; un buste de Turenne par Coustou; un Voltaire dans sa jeunesse, sculpté en marbre par Lemoine; enfin, une superbe colonne de granit oriental, sortie de la galerie de Florence. Oubliera-t-on de conserver à la France un des plus rares chefs-d'œuvre de Van Dyk (2), celui du bazar européen, et quelques-uns des plus marquans du Musée de la rue du Temple (3)? »

« Pourquoi votre gouvernement n'intro-

(1) On peut les voir chez un marchand, quai Malaquai.

(2) Le Christ au tombeau.

(3) A l'hôtel de l'Hôpital, rue du Temple, n° 108.

duirait-il pas en France, reprit Philoménor, quelques dispositions d'un décret pontifical très-connu? Il est rigoureux, j'en conviens, et même il m'a beaucoup contrarié dans mes projets pendant le séjour que j'ai fait à Rome; en faisant subir à cette loi conservatrice quelques modifications indispensables, elle devra vous paraître infiniment sage. Qu'aucun objet d'art antérieur à ce siècle ne puisse désormais franchir vos frontières, et conséquemment sortir de France, sans une permission expresse d'une autorité compétente qui, préalablement, exercerait une salutaire inquisition pour empêcher que la loi ne fût éludée; que les directeurs de vos Musées de Paris et des départemens obtiennent encore et conservent pendant un temps fixe, trois mois, par exemple, après l'adjudication, non-seulement le droit de préférence, mais le droit de réméré sur les tableaux, statues, bas-reliefs et autres productions des génies antiques ou contemporains et qui auront été légalement exposés et vendus. Alors vous n'aurez plus lieu de vous plaindre de ces enlèvemens désastreux, de ces déplacemens et de ces dislocations si préjudiciables à l'art et au bonheur de la patrie. » « Cette idée est bonne, lui dis-je; peut-être se croira-t-on autorisé à vous faire une objection spécieuse en apparence. Ne faudrait-il point plutôt encourager les talens modernes; et surtout ces jeunes talens dont l'aurore est si brillante, et dont la marche hardie semble dépasser certains artistes qui les ont précédés? D'accord; mais je ne vois pas de raison pour favoriser, au préjudice des grands maîtres des siècles passés, le triomphe de ces hommes, qui, dans l'espoir de vendre plus chèrement les produits de leurs ateliers, souriaient, en 1814, au récit de nos pertes et de nos désastres, et qui, bien éloignés du patriotisme des Hippocrate et des Callot, (1) n'ont pas rougi, (je l'ai vu) d'avilir leurs palettes et de profaner leurs ciseaux... Oui, vous en conviendrez avec moi, quelque parfaites que soient leurs compositions, jamais elles ne doivent faire négliger l'acquisition des chefs-d'œuvre grecs, romains ou bataves, des Lysippe, des Raphaël, des Paul Potter. Que de monumens nouveaux la France

(1) Callot ne voulut peindre ni les vainqueurs de sa patrie, ni les batailles remportées sur son souverain.

devrait encore à son gouvernement, si quelques fonds étaient employés à explorer les environs des villes où fleurirent jadis les colonies de la Phocée ou de l'Italie, tels que les campagnes de Marseille, Nîmes, Aix, et surtout Autun et Avalon (1), où des urnes, des médailles, des statues, des vases trouvés chaque jour, font à juste titre soupçonner l'existence d'antiquités plus précieuses. Vous ne l'avez pas ignoré, on a fait depuis la paix

(1) Un fait nouveau vient appuyer mes conjectures : « Le hasard vient de faire découvrir dans un champ « près d'Avalon (ville très-ancienne de Bourgogne, « dont il est fait mention dans l'Itinéraire d'Antonin) « l'enceinte d'un temple antique, parfaitement dessiné « par des murs qui ont deux ou trois pieds de haut, « une grande quantité de statues mutilées de marbre « blanc de la plus rare beauté, et beaucoup de « pièces de cuivre et d'argent, toutes marquées au « coin des empereurs romains.

« M. Caristie, architecte du gouvernement, fera « bientôt sur ces précieuses découvertes un rapport « à l'Institut. »

Espérons aussi que le cabinet des médailles s'enrichira de quelques pièces, peut-être rares dans sa collection, et que le Musée de Paris fera restaurer les statues, dans le cas où elles aient réellement cette *beauté rare* qu'on a cru y apercevoir. »

quelques voyages lointains (1), on a publié une description brillante des pays que l'on a parcourus, et comme moi, vous en avez senti tout le mérite. Cependant, était-ce bien ce seul avantage que nous dussions espérer d'une expédition aussi dangereuse et de recherches aussi pénibles? Parlons vrai ; c'était presque la Toison d'or que nous attendions de ces nouveaux Argonautes.

« Ah! comme notre espérance fut trompée! Nous y avons perdu un de nos meilleurs peintres (2) ; on nous a livré, comme je vous l'ai dit, des mémoires très-bien écrits, très-intéressans, des panoramas très-fidèles, lorsque nous comptions sur des monumens nouveaux, sur des monumens réels qui pussent nous consoler de ceux que nous avions perdus (3). Oui,

(1) Voyage de M. de Forbin dans le Levant.

(2) Cocherau, auteur d'un tableau représentant un *atelier de Peinture*, mort le 10 août 1817, sur la côte d'Afrique..

(3) M. de Forbin a rapporté pour le Musée royal deux fragmens assez beaux de statues de femmes, un casque de bronze de la plus belle conservation, une urne, deux petites chaînes d'or (page 13) et un vase dit étrusque; en tout, frais de transport compris, pour 28 mille francs, (p. 24.) Voyage dans le Levant.

des monumens aussi nécessaires pour les Français, que l'étaient pour Rome les festins et les cirques populaires. Le célèbre voyageur dont je parle, a répondu d'avance à nos regrets : « Le transport seul d'une tête colos-« sale de Thèbes à Alexandrie, coûta cinq « cents guinées au consul d'Angleterre. La « position de la France ne permettait pas de « pareilles dépenses. (1). » A ces raisons je n'ai point de réplique ; mais dans le dernier voyage fait en Sicile et exécuté sous des auspices protecteurs, cette excuse ne paraîtra plus solide. N'aurait-il point été facile de trouver dans les ruines de l'ancienne Syracuse (2) quelques chefs-d'œuvre jusqu'a-

(1) Voyage dans le Levant, page 316.

(2) M. de Forbin l'avoue lui-même, la Sicile est pour ainsi dire une mine d'objets d'arts. La lampe de bronze, d'une forme élégante, qui s'éteignit dans un sépulcre, éclaire aujourd'hui, dit-il, la chaumière du pâtre d'Enna. *Souvenirs de la Sicile*, page 182. Le roi de Naples, ajoute-t-il, a presqu'autant de statues que de sujets, *idem* page 25. Voyez encore les pages 109, 113 et 114.

M. de Forbin a rapporté de Sicile des dessins, plusieurs vases d'Agrigente, deux belles médailles d'Agyrium et un torse en plâtre, qu'il doit à la poli-

lors ignorés? Je crois qu'il faudrait profiter d'une circonstance favorable, pour continuer des explorations sur le continent de la Grèce, de l'Asie mineure, et surtout dans les îles de l'Archipel. Peut-être qu'en déblayant, qu'en dérangeant, en soulevant ces masses énormes de débris amoncelés par les siècles, peut-être, dis-je, qu'en creusant plus avant, on trouverait des morceaux capables de dédommager des sommes consacrées à ces utiles travaux: une pareille entreprise ne donnerait point aux Français la réputation d'un lord Elgin; ils auraient marché sur les traces d'un Léon X, d'un Sixte-Quint et d'un Clément XIV. Quel savant (1) serait plus en état de remplir cette commission délicate que le jeune voyageur qui le premier découvrit la Vénus de Milo? Son ardent amour pour la botanique et les arts, que nous avons été à même d'apprécier; ses vastes lumières, son discernement exquis, son zèle infatigable pour multiplier en France les produits de la nature et des génies antiques; enfin son patriotique

tesse soigneuse de monsignor Ciantri Pànitieri. *Souvenirs de la Sicile*, pages 94, 99 et 181.

(1) M. Durville.

désintéressement, serait le gage de succès très-assurés et très-peu dispendieux.

« On serait, je le présume, plus heureux qu'à la pêche monumentale et infructueuse faite dans les eaux du Tibre. Les actionnaires n'ont pas réussi dans cette opération, et cela se devine facilement (1) : on n'a point trouvé de bronze, parce que le bronze se fond, se convertit en monnaie et ne se jette point ordinairement dans un fleuve, à moins que vous n'accusiez de cette sottise les factieux du Bas-Empire, chez qui la passion ne laissait pas même raisonner l'intérêt, ou ces hordes de barbares stupides qui plusieurs fois ont saccagé la ville éternelle. Les eaux rousses du Tibre, imprégnées de matières corrosives, ont probablement détruit, après des siècles, les marbres et les porphyres que cent révolutions ont pu y précipiter. »

« Cette explication me semble assez juste, » reprit Philoménor, qui, en disant ces mots, s'aperçut que je l'avais insensiblement conduit au Corps législatif.

(1) Une souscription fut ouverte à Rome comme l'on sait, pour les frais que nécessitaient les travaux ; beaucoup d'étrangers se firent inscrire.

CHAPITRE VI.

Corps législatif. — Observations de Philoménor sur ce palais. — Fameuse pétition relative aux émigrés. — Vues diverses de l'auteur à ce sujet. — Légère rétribution. — Domaines en Corse. — Statues de la salle du palais. — Anecdote inédite sur le buste de Louis XVII. — Vœux de l'auteur.

Après avoir considéré l'ensemble du temple des lois : « Entrons, dis-je à mon compagnon de voyage ; cela n'est pas ordinairement très-facile. Sous le frivole prétexte d'une augmentation de députés (1), on a jugé à propos, depuis peu et sans aucune nécessité, de faire disparaître des tribunes très-commodes et qui ne devaient nuire à personne ; on en a conservé d'autres très-élevées d'où l'on voit mal, d'où l'on entend difficilement nos meilleurs orateurs ; il faut croire que l'on re-

(1) Ces tribunes existaient sous Bonaparte ; la Chambre alors se composait de cinq cents membres, qui s'y trouvaient fort à l'aise.

viendra (1) sur une mesure inutile et désagréable pour les amateurs de l'éloquence parlementaire. » Grâce au costume étranger de mon Grec et à une carte dont je m'étais muni, nous fûmes introduits. Ce jour-là on y lut une importante pétition adressée à l'assemblée, et dont le but était d'adoucir le sort des victimes de la fidélité, je veux dire des martyrs de la monarchie. « Quelle proposition plus juste devrait être accueillie? me dit Philoménor; ce serait le vrai, le seul moyen de réparer toutes les injustices, de cicatriser toutes les blessures, d'apaiser toutes les haines et de ménager une réconciliation générale, en dissipant une bonne fois toutes les inquiétudes des nouveaux acquéreurs, en calmant pour jamais, par une transaction nationale, des remords que les lois n'ont pas fait taire dans le secret des cœurs, au moment où la politique et la nécessité con-

(1) Deux tribunes seulement ont été rétablies; l'une pour la chambre des pairs, l'autre pour les ambassadeurs. Il eût été facile d'en replacer d'autres, également réservées, et à la disposition de MM. les députés.

sacraient l'incommutable jouissance des biens confisqués et vendus. »

« Une réconciliation générale! m'écriai-je; ô mon cher Philoménor! quel beau moment! quel heureux jour que celui où descendant de leurs bancs, ne connaissant plus ni la gauche, ni la droite, ni le centre, oubliant les rivalités d'opinion, les rixes scandaleuses, les antipathies insensées, tous les Français se tendraient des bras amis, des bras fraternels, et s'embrasseraient, à l'ombre du trône conciliateur qui aurait comblé pour jamais l'abîme des révolutions! Mais quel moyen serait ouvert pour indemniser convenablement tant d'infortunés, sans froisser les intérêts nouveaux? Ne serait-il point possible de prendre, pendant une année ou deux, quelques centimes sur l'impôt foncier et indirect, et de faire une retenue progressive sur les salariés de l'État? Une indemnité raisonnable aurait bientôt des bases solides et presqu'imperceptibles. Par là, les classes les plus riches de la société, les classes les plus intéressées à conserver le bon ordre, auraient contribué à ce grand acte d'équité, sans que la propriété territoriale, déjà si grevée, l'eût été beaucoup plus; et ceux qui reçoivent des honoraires du gouvernement, n'auraient pas lieu de se plaindre, si, par un sacrifice momentané, ils avaient rendu véritablement leurs places inamovibles, en se mettant pour jamais à l'abri des commotions politiques qui en ébranlent souvent la solidité et la permanence. Enfin l'honnête homme, l'ami sincère de son pays, éprouverait-il quelques regrets? Non, il ne croirait pas payer trop cher la réunion de tous les Français.

« Enfin, si mon plan n'était pas entièrement adopté, la concession des immenses propriétés (1) que possède le gouvernement dans quelques-unes de nos îles telles que la Corse, et qui, faute d'une culture soignée, sont plus onéreuses que lucratives, offrent encore d'autres moyens d'indemnité. On sent qu'un pareil projet entraîne nécessairement de la part du concessionnaire l'obligation de fournir aux nouveaux colons des avances pour les dé-

(1) Sous la réserve de conserver à l'état les bois nécessaires à la marine, et la jouissance des mines et carrières, qui ne peuvent être exploitées que par des dépenses toutes royales.

frichemens, et des encouragemens pour les agriculteurs que les nouveaux propriétaires seraient autorisés à y conduire. Mais aussi, quels prodigieux avantages pour la France, une bonne fois affranchie d'une dette sacrée! La population de cette île, augmentée par ce surcroît de colonisation, la soustrairait à l'impôt volontaire de cinq à six cents mille francs, qu'elle paye chaque année aux Lucquois et autres peuples d'Italie, qui se rendent en Corse pour aider aux travaux de l'agriculture, somme assez considérable qui en sort pour n'y rentrer jamais.

« Les produits agricoles et industriels de la Corse devenus plus nombreux, dispenseraient ses habitans d'exporter de l'étranger une partie des objets de première nécessité. Et, peut-être, un jour, dans des années où le continent serait frappé de stérilité, cette colonie serait à même de faire refluer au sein de la mère patrie des subsistances que la France ne payerait plus si chèrement (comme par le passé) à la Crimée, à l'Italie et à l'Afrique. Cette île enfin, enrichie même par cette concession nationale faite au malheur, serait attachée par de nouveaux nœuds à la métropole, et rendrait au centuple un bienfait accordé par la justice, la politique et la sagesse. »

Après la séance nous visitâmes les différentes salles qui environnent le sanctuaire législatif.

De bonnes copies du Laocoon et de la mort de Lucrèce, en bronze, et quelques excellens tableaux, tels que le Socrate buvant la ciguë, le Philoctète blessé, le Bélisaire mendiant, les notables de Calais se dévouant pour leur patrie, fixèrent notre admiration. Cependant Philoménor me témoigna sa surprise, lorsqu'il s'aperçut que les bustes de nos augustes princes, et les statues des sages de Rome et d'Athènes étaient uniquement modelés en plâtre (1). Son indignation fut extrême lorsque je lui appris que la statue en pied du prisonnier de Sainte-Hélène y était en marbre.

« Vous y remarquez, lui dis-je, le buste de l'infortuné Louis XVII (2); ceux qui l'ont

(1) Tels que le Henri IV et le duc de Berri de la salle des Conférences, dont l'inauguration fut pourtant annoncée avec tant d'emphase par certaines feuilles publiques.

(2) Enlevé d'abord, réinstallé ensuite, ainsi que celui de Louis XVI, depuis qu'on y a fait l'inaugura-

connu assurent qu'il est parfaitement ressemblant. L'original exécuté en marbre par M. Deseine, statuaire, d'après les ordres de Marie-Antoinette, eut une bien étrange destinée.

« Au dix août 1792, le jeune dauphin avait quitté pour toujours avec sa famille, le palais de ses pères, lorsqu'une troupe de forcenés, répandue dans les appartemens du château, pénétra jusque dans le boudoir de la reine, où ce buste était placé.

« Reconnue par quelques-uns de ces brigands, l'image du prince reçut quelques coups de sabre; arrachée de son piédestal, jetée ensuite par une des croisées du château (1) sur les cadavres des défenseurs du trône qu'on venait d'égorger, elle fut pour ainsi dire toute couverte et tout imprégnée de leur sang.

« C'est dans cet état déplorable que l'aperçut un pauvre savetier qui traversait alors

tion du buste du roi régnant, sculpté par le célèbre Bosïo.

(1) La reine Marie-Antoinette habitait à Paris les appartemens maintenant occupés par Sa Majesté Louis XVIII.

la cour des Tuileries. Cet artisan s'étant imaginé que cette tête mutilée et presque informe, dont il ne connaissait ni le prototype ni la valeur, pourrait lui être de quelque usage dans sa profession, la prit et la cacha dans sa loge, qui se trouvait peu éloignée du palais.

« Bien long-temps après le règne de la terreur, un général vendéen fit un voyage à Paris; par le hasard le plus singulier, il se logea dans un hôtel dont notre savetier était devenu le concierge. Un jour, l'officier supérieur dont je viens de parler, grand partisan d'antiquités et de raretés en tout genre, chargea son portier de remettre à la diligence quelques vases étrusques qu'il avait achetés à Paris, et dont il voulait orner la galerie du château qu'il habitait.

« Ces vases étrusques firent souvenir le commissionnaire de ce petit buste dont il s'était emparé au milieu du pillage et du sac des Tuileries. Il alla le chercher et l'offrit en présent à l'amateur royaliste. Quelle fut la surprise, l'indignation, la joie, l'enthousiasme de celui-ci, lorsque, malgré les dégradations, il reconnut les traits du jeune roi et le nom du sculpteur! Il accepte le don, dissimule son bonheur et tous les sentimens divers qu'il avait éprouvés; mais forcé de quitter la capitale le lendemain même, et désirant faire restaurer le monument avant de l'emporter dans son pays, il donne quelques pièces d'argent au portier, lui confie, en partant, un trésor que sa fidélité lui rend inappréciable, et lui enjoint surtout de le serrer avec soin.

« Deux ans s'écoulent; cet officier revient à Paris, et s'empresse de se faire conduire à son ancien hôtel qui était devenu pour lui comme une espèce de temple sacré.

« A cette époque, Bonaparte gouvernait la France; il avait voulu dégager les Tuileries. Des rues entières achetées et abattues avaient disparu. L'hôtel où demeurait le dépositaire du buste, ayant, comme beaucoup d'autres, subi le sort commun, avait été rasé jusqu'aux fondemens. On concevra facilement le désespoir de notre royaliste; il multiplie toutefois les informations, les recherches, et il parvient à découvrir que le portier, forcé de changer de domicile, s'était retiré, disait-on, du côté du Temple. Dans cet endroit la population est immense; et l'indication était bien vague; cependant au moment où le fidèle vendéen faisait de nouvelles enquêtes, une vieille femme, logée près des démolitions, en fut instruite, et le tira subitement d'embarras, en remettant entre ses mains le précieux dépôt; elle lui apprit de plus, qu'en s'éloignant du quartier, l'honnête portier l'avait priée de le rendre au propriétaire, si elle le rencontrait jamais, et d'acquitter ainsi, ajoutait-il, un devoir de conscience.

« Par une suite de petits événemens bizarres que, pour différentes raisons, je m'abstiendrai de rapporter, cette effigie de Louis XVII est maintenant dans les magasins du grand Musée, et malheureusement dans le plus mauvais état possible. L'habile sculpteur qui fit ce monument d'après nature, vit encore; il est dans la force de son talent (1); il possède dans son atelier un plâtre original, modèle extrêmement ressemblant de ce malheureux prince; on ne devrait donc pas, ce me sem-

(1) Il vivait alors ce vertueux Français, à l'époque où ceci fut écrit. En preuve de ce que j'avance, on peut voir à Vincennes le mausolée du duc d'Enghien, et à Saint-Roch l'histoire de la passion, qui, par parenthèse, aurait besoin d'une réparation complète.

ble, négliger de faire sculpter un nouveau buste par le ciseau aussi fidèle que savant de cet excellent artiste.

« Ah! puissent, ajoutai-je encore, puissent les images de nos monarques et de nos princes légitimes, retracées en marbre ou en albâtre, n'avoir plus l'air d'être provisoires, et devenir immortelles comme notre amour et leurs vertus! »

CHAPITRE VII.

Penchant des décorateurs pour les colifichets qui se renouvellent souvent. — Bas-relief de Louis XIV à Versailles. — Bas-relief du même monarque au Musée détruit des Petits-Augustins. — Morceaux intéressans qui s'y détériorent d'un jour à l'autre. — Nécessité d'un nouveau répertoire de ces objets précieux. — Musée d'architecture. — Critique du projet d'un architecte. — Recréer l'ancien Musée français avec les débris non replacés. — Nécessité d'un répertoire nouveau de ces objets précieux. — Fondation d'un Musée de sculpture moderne. — Établissement d'un Musée universel statuaire en modèles de plâtre. — Musée des copies des plus excellens tableaux que nous avons perdus ou que nous n'avons jamais possédés (1). — Réponses péremptoires aux objections que l'on ferait à ce sujet.

« Mais doit-on espérer cette épuration du goût? Je l'ignore, mon cher Grec; nos décorateurs ont une tendance si naturelle pour les

(1) Tels que ceux de la galerie de Dusseldorf.

colifichets qui se renouvellent souvent, que dans un des salons du palais de Versailles on a refait soigneusement en plâtre un bas-relief détruit, représentant Louis XIV victorieux; et, je le dis avec douleur, on laisse exposé à tous les genres de mutilations (1) et dépérir en plein air, dans la cour de l'ancien Musée français, un grand et magnifique médaillon en marbre blanc, à peu près de même grandeur, où Coustou a sculpté le grand roi passant le Rhin, à la tête de son armée.

« L'ancien jardin des Augustins où une partie des tombeaux, des urnes, des bas-reliefs et des pyramides sépulcrales étaient dispersés sous les saules et les cyprès que l'on y avait plantés, n'existe plus; la fontaine dont l'eau limpide serpentait à travers les fleurs et les débris, m'a semblé tarie; les blocs de pierres destinés à élever sur ce sol funèbre le temple des arts, couvrent cet espace où l'on aperçoit à peine les vestiges de la plus faible végétation. Tel est le sort des choses de ce monde; les ruines chassent les ruines qui en avaient

(1) Les doigts des deux pieds du fleuve du Rhin personnifié, ont été nouvellement brisés; on ne sait apr quel accident.

remplacé d'autres, pour faire place à des monumens nouveaux. On démolira même la façade du château de Gaillon, dont l'architecture est si gracieuse et si légère ; où l'acanthe (1) semble sortir de la pierre, et y développer en rosaces ses feuilles si élégamment échancrées; où des génies aériens paraissent s'élancer de la base des pilastres pour en soutenir la pesanteur. Si l'on suit le plan d'un des architectes, on transportera cette façade sur la même ligne que celle du château d'Anet. Une pareille transmutation ne paraîtra-t-elle pas complétement absurde? Ne blesse-t-elle pas toutes les lois de pondération et d'ensemble si indispensables dans les monumens réguliers, et conséquemment du bon goût, puisque d'un côté vous auriez d'admirables édifices, et de l'autre l'aspect hideux de gros murs insignifians qu'il faut absolument renverser, pour ne pas mettre la perfection en regard de la rusticité? Ne vaudrait-il pas mieux replacer les débris du palais du cardinal d'Amboise en face de celui de Diane

(1) Une partie de ces ornemens sont brisés depuis les nouveaux travaux.

de Poitiers, qui, tous deux parallèles, accompagneraient la grande entrée de l'école des beaux-arts? On pourrait relever, à la suite, sur les deux côtés, d'autres débris de chapelles, de tours, de portiques, de colonnades, entre lesquels on arriverait au nouveau monument, que l'on apercevrait au fond, et qui aura, dit-on, tout le mérite d'une belle simplicité. »

« L'architecture aurait pour lors un petit Musée, me dit mon Grec; où serait-il plus convenablement placé que dans le lieu même où se donnent les leçons, où la démonstration pratique serait ainsi jointe aux théories? » « Mais, hélas, repris-je, quand reverrons-nous dans un local convenable les trésors en tout genre qui nous ont été légués par l'école française?

« Le gouvernement, par des motifs que nous respectons, ayant supprimé le Musée des monumens français, pour rendre un grand nombre des objets qu'il renfermait à leur primitive destination, des regrets fondés s'élèveraient à ce sujet, si, dans leur dispersion, ces augustes chefs-d'œuvre étaient trop éloignés des artistes auxquels ils doivent servir de modèles. Il serait donc utile de rétablir en petit, avec les monumens qui ne peuvent être réclamés, un Musée qui, par la force d'événemens déplorables, était devenu si grand et si complet. Pour remplir ce but, il faudrait alors classer les morceaux précieux dont il serait composé, d'après le plan tracé jadis par M. Lenoir, ce savant à qui la France a tant d'obligations; plan où l'on suivrait l'échelle des siècles, depuis les temps de barbarie jusqu'aux jours plus heureux qui leur ont succédé. La restauration de ce Musée détruit doit paraître plus urgente, s'il est vrai, comme on l'assure, que tous les objets d'art disséminés dans les galeries, salles, cloîtres, jardins et souterrains de l'ancien établissement, n'aient pas été exactement inventoriés, comptés et numérotés lors de sa suppression. Ce serait le moyen le plus efficace d'arrêter les mutilations du temps et des vandales, et peut-être aussi d'empêcher que de curieux débris ne soient égarés ou perdus. On compléterait cette vénérable collection, en réunissant ailleurs les productions les plus marquantes du ciseau moderne. L'émulation des artistes en ce genre serait plus excitée, si les chefs-d'œuvre des

Canova français étaient acquis et rassemblés chaque année dans une des salles du Louvre par le gouvernement, et y partageant les suffrages que les vrais connaisseurs ne cessent de prodiguer aux peintures des Lethiers, des David, des Gérard et de nos autres Apelle, qui semblent se disputer la palme dans les galeries du Luxembourg.

« L'art statuaire gagnerait beaucoup, selon moi, si l'on mettait à part, dans un vaste local, les copies en plâtre ou en stuc, fidèlement modelées, des statues, bustes, bas-reliefs, vases et candélabres les plus parfaits, que nous avons perdus en 1815, ou que même nous n'avons jamais possédés, et qui se trouvent en Italie, en Espagne, en Hollande, en Angleterre, en Allemagne et en Russie (1).

« Un pareil dédommagement dont Rome nous a donné l'exemple après le traité de

(1) Ce plan a déjà été exécuté en partie en Toscane. M. Dupaty écrivait en 1785 : « A Florence la salle des « plâtres est immense. Sur deux lignes parallèles sont « rangés tous les plâtres des plus belles statues que « possède aujourd'hui l'Italie. » (*Lettres sur l'Italie*, tome 1er, pag. 168)

Tolentino (1), et dont l'utilité et l'agrément seront sentis, est d'autant plus facile à obtenir, que nous sommes en paix avec les puissances qui possèdent les originaux, et que cette conquête innocente ne peut nullement en détériorer les prototypes nous avons acquis déjà des sujets bien importans pour commencer un semblable Musée, depuis que l'on a reçu en France les statues-modèles du groupe de Niobé et de ses enfans, dont le grand Duc de Toscane vient de faire présent à Sa Majesté.

« On ne veut dans les Musées français que des tableaux originaux, et j'applaudis le premier à ce système; cependant lorsque certains chefs-d'œuvre nous sont ravis pour toujours, lorsque le temps les mine, les ternit et les encroûte, le seul moyen, humainement parlant, de conserver la pensée du génie, (indépendamment de la gravure) est un calque parfait, tel que la Cène, par Léonard de Vinci, qui se voit à Paris dans la galerie d'Apollon du Louvre. Le grand principe qui excluait toute copie de l'enceinte du

(1) On remplaça l'Apollon du Belvéder, le Gladiateur, le Laocoon et autres, par des copies en plâtre.

grand Musée, une fois violé, je ne vois pas de raison qui empêche de le transgresser encore, en prenant seulement la sage précaution de reléguer dans les autres appartemens du même palais les excellentes imitations faites par nos jeunes peintres de tous les tableaux capitaux qui nous sont échappés, ou qu'une prudente défiance avait soustraits aux droits de la victoire, tels que ceux de la belle galerie de Dusseldorf. Une semblable collection me semblerait avoir un très-grand intérêt. »

CHAPITRE VIII.

De l'usage malheureusement trop commun des compositions fragiles. — Fronton du Corps législatif et des Invalides. — Chapelle expiatoire de la Conciergerie. — Eglise Sainte-Elisabeth. — Val-de-Grâce. — Tombeau du cardinal Du Belloy. — Carrières des marbres de France. — Caveaux des deux premières races à Saint-Denis.

« Cette mesure ne doit exciter aucunes réclamations des possesseurs de ces trésors, reprit le jeune Athénien ; mais, pourquoi, s'écria-t-il en sortant des salles du Corps législatif, pourquoi ces compositions fragiles et ternes sur les frontons de ce palais et de celui des Invalides? Si j'avais ici quelque autorité, jamais une matière vile ne serait le dépositaire infidèle de vos sculptures modernes. » « Vos plaintes seront tout aussi justes, mon cher Grec, lorsque nous irons visiter ensemble quelques temples de Paris. Vous me demanderez, je le prévois, pourquoi l'on a placé des peintures si peu durables sur les murs humides de la chapelle expiatoire dédiée à la feue reine dans un des cachots de la conciergerie ? Pourquoi la plus étrange parcimonie a-t-elle présidé à la restauration de l'église Sainte-Élisabeth, faubourg du Temple ? Colonnes, chapiteaux, statues, draperies de l'autel, tout est l'illusion du pinceau. Que direz-vous en voyant cette couche de peinture sur les parois de la chapelle du cardinal Du Belloy, lorsque le granit est prodigué à Paris dans tous les lieux publics, et se vend au plus bas prix ; lorsqu'indépendamment de nos anciennes carrières de l'est et du midi, un naturaliste a découvert près Beauvais (1) une carrière de marbre de plus de six lieues de longueur ; lorsque dans le nord, l'exploitation

(1) « Il est même probable qu'elle se continue dans « le département de la Seine-Inférieure, vers Forges « et Neufchâtel. La couleur générale est plus ou « moins grise, quelquefois jaunâtre, variée de traits « plus foncés et quelquefois de points rougeâtres, « dont l'ensemble offre un mélange agréable, et pré- « sente des accidens multipliés ; ce marbre est très- « dur. Les acides n'ont sur lui qu'une action très- « lente ; il est susceptible du plus beau poli ; vu son « abondance, on pourra même l'employer à bâtir. » (*Gazette de France*, du 25 octobre 1821.)

d'autres carrières produit (1) les plus heureux résultats ?

« Comment encore justifier le sculpteur qui, au pied du groupe admirable du même monument où le prélat est si parfaitement caractérisé, accolle au marbre le plus solide de misérables ornemens en plâtre (2) ? C'est entendre bien peu les intérêts de son immortalité.

« A Saint-Denis vous verrez le caveau consacré à recueillir les cendres de nos premiers rois, pauvrement barbouillé de cent cou-

(1) « Ces bans appartiennent à M. le baron « Morel. Il paraît qu'on s'occupe d'employer ce « marbre indigène dans les constructions publiques. « La réussite de ce projet sera une noble conquête « faite au profit de l'industrie nationale sur le mono- « pole étranger. » (*Le Constitutionnel*, 30 novembre 1821.)

(2) Mieux informés que nous n'étions lorsque cette remarque fut écrite, nous dirons que ces ornemens ridicules, déjà brisés, et en partie détruits, n'étaient que provisoires et seulement en attendant qu'ils soient exécutés en bronze doré. Enfin, si les accessoires de ce monument n'ont pas été faits en matière plus solide, si les marbres qui doivent revêtir les murailles n'ont pas été placés de suite, il est juste de n'en point jeter le blâme sur M. Deseine; cet habile

leurs (1), lorsque les plus augustes et les plus précieux débris des siècles passés, parfaitement imités, devraient du moins en faire le principal ornement, si les matériaux manquaient. La critique même la plus indulgente y censure le style lapidaire, qui ne s'y trouve pas en rapport avec les époques et le caractère du temps. J'y vois le mot *dynastie;* et le mot *race*, le seul propre, le seul jadis employé dans nos archives, nos vieilles chroniques et les histoires plus récentes, ne s'y lit plus.

« Que direz-vous encore en apprenant que le Val-de-Grâce, si renommé par ses tableaux, son autel et ses ornemens magnifiques, est transformé dans ce moment même en un magasin militaire? »

sculpteur m'a dit avoir perdu plus de quinze mille francs sur la façon de ce groupe. L'on doit bien plutôt en accuser une autorité que je ne nommerai pas, et qui seule a mis des entraves à la confection de ces décors complémentaires. (*Note de l'auteur.*)

(1) A la cathédrale, on en peut dire autant de la niche où l'on a placé la belle Vierge des Carmes; l'intérieur de cette niche est peint, lorsque l'importance du monument exigerait du marbre, du porphyre, de l'albâtre, ou tout au moins du stuc.

CHAPITRE IX.

Il ne faut se servir dans les monumens publics que de matières solides. — Passage extrait du voyage de Kamgki, par M. le duc de Lévis. — Faire moins et faire bien. — Imiter ses ancêtres. — Mosaïques des Invalides et du Musée. — Nos modes contribuent à leur destruction. — Peintures à fresque. — La Mosaïque doit être plus particulièrement encouragée. — Musée royal. — Mouleurs en plâtres ou réparateurs des statues. — Dissertation historique sur la Vénus de Milo. — Rapprochemens singuliers entre cette Vénus du Musée français et une autre Vénus du british Muséum. — Zodiaque de Denderah. — Anecdote sur l'aiguille de Cléopâtre. — Lacune presque continuelle dans les tableaux du grand Musée. — Moyens d'y suppléer. — Projet d'un complément conservateur de ce monument. — Musée du Luxembourg. — Lacunes essentielles à remplir.

Le lendemain, en nous rendant au Musée des Antiques, dont Philoménor n'avait vu que très-rapidement les plus belles statues, le jeune

Grec me dit : « Plus je réfléchis au sujet de notre conversation d'hier, et plus je me suis convaincu de la solidité de vos censures. Je deviendrai même plus exigeant ; si l'on m'en croyait, jamais dans les grands monumens on ne mettrait en usage ces pierres fragiles (1), dont un hiver un peu rigoureux peut altérer la frêle beauté, accident arrivé à plusieurs jolies fontaines de Paris. L'ouvrage du sculpteur est mutilé, et la main d'œuvre a été payée

(1) « Il paraît que ce fut vers le règne de François Ier que l'on commença à négliger en France le « choix des matériaux, la bonté des cimens, la force « des constructions, pour ne s'occuper que de la « forme et de la décoration. En rapportant d'Italie la « belle architecture des Grecs et des Romains, on « aurait dû les imiter également dans les précautions « qu'ils prenaient pour assurer la durée de leurs ou- « vrages sous un climat bien moins délétère. L'égoïsme « fut réduit en système. On jouissait des ouvrages des « morts, mais on ne voulait rien faire pour les races « futures ; aussi la porte Saint-Denis, en 1800, était « plus dégradée que l'arc de Constantin, Versailles « inhabitable, et l'aqueduc de Maintenon, monument « gigantesque, tombait en ruines. » (*Voyage de Kamgki*, tome 1er, pag. 28 et 29, par M. le duc de Lévis.)

aussi chèrement que si l'artiste eût travaillé sur le marbre des Apennins et des Pyrénées. N'employez donc à l'avenir que le bronze le plus solide, que le marbre le plus ferme, que le granit le plus dur, et surtout des cimens d'une composition presque indestructible; certes, vos mines et vos carrières ne sont pas épuisées; faites moins, s'il le faut, mais faites bien. Travaillez pour vous, rien de plus juste; mais n'oubliez ni vos enfans ni la postérité. Eh! que seriez-vous, si avec le souvenir de leurs vertus, vos pères ne vous eussent pas légué les monumens de leur génie?

« Pour vos réunions sociales, et religieuses ils avaient élevé de magnifiques édifices; pour protéger vos héritages, ils avaient couvert vos montagnes d'immenses forêts. Peu reconnaissans de tant de bienfaits multipliés, vous avez laissé dépérir ou peu conservé les uns, et détérioré ou abattu les autres; et ces édifices vous avaient transmis les élémens de leur civilisation et de leurs arts; ces bois étaient comme les paratonnerres naturels de vos champs et de vos vignobles; vous avez dédaigné l'expérience de vos ancêtres; aussi, chaque année, vos annales l'attesteront, des accidens inattendus, et les fléaux continuels du ciel semblent les venger de votre ingratitude. » « J'en gémis comme vous, mon cher Grec, lui répliquai-je; hélas! nos modes même semblent conspirer avec les saisons pour mutiler des ouvrages admirables. Que deviendront les belles mosaïques (1) de certains édifices publics, et principalement celles qui se trouvent sous le grand dôme des Invalides? » « Que deviendront, ajouta Philoménor, les magnifiques compartimens des anciennes salles du Musée royal, qui, dégradées par suite des

(1) Art parfait en Italie, trop peu cultivé en France; je n'en connais à Paris qu'un dépôt et un atelier. On a fait sonner bien haut la facture de quelques fresques, c'est-à-dire des peintures faites sur un enduit de chaux ou de sable, appliqué sur les murs d'un édifice, et l'on néglige de remettre à neuf les belles peintures presqu'effacées des voûtes de Saint-Sulpice et de Saint-Roch. Sans vouloir déprécier le genre de la peinture à fresque, très-intéressant en soi pour certains lieux, il est toutefois trop peu durable pour être admis exclusivement à l'ornement des plus belles basiliques et des palais de la capitale. La mosaïque est la seule composition vraiment solide; c'est donc cet art que l'on ne peut trop encourager ni trop prodiguer dans nos grands monumens.

enlèvemens de 1815, n'ont pas été rétablies? Que deviendront, enfin, les parquets si agréablement variés, si artistement combinés, des nouvelles galeries du même établissement que nous parcourons, si l'on souffre plus long-temps que ces chefs-d'œuvre soient continuellement broyés par le fer destructeur de vos chaussures modernes?» «Mil huit cent quinze! m'écriai-je aussitôt, vous me rappelez des souvenirs bien douloureux; ce fut dans cette année de fatale mémoire, que l'Apollon, la Vénus, le Méléagre, le Gladiateur, le Torse et le Laocoon ont été perdus pour la France; mais oublions des malheurs irréparables.

« Comme vous le voyez, on a disposé avec beaucoup de goût les morceaux précieux qui nous sont restés; ils ont été placés dans une espèce de temple où le luxe des marbres les plus rares fait ressortir davantage la merveilleuse beauté de ces antiques. Les premières salles, disposées pour les recevoir et qui renferment les plus célèbres monumens, semblent réclamer aussi cette parure indispensable. Le pinceau ne peut rendre assez fidèlement la brèche et le granit sur les murs et les piédestaux, pour dédommager de la réalité. L'imitation de ces substances si polies et si brillantes n'est tout au plus tolérable qu'à des distances très-éloignées, d'où l'œil le plus perçant est lui-même induit en erreur. J'admire l'agencement et la pondération de nos vases, de nos colonnes, de nos candélabres, de nos urnes, de nos statues et cette profusion de bas-reliefs sauvés des insultes du temps. Mais je voudrais qu'à l'avenir nos artistes ne se reposassent plus sur le mouleur en plâtre (1), lorsqu'il s'agit de les réparer; et que nos plus habiles sculpteurs eussent le noble orgueil d'oser se montrer les émules des Phidias ou des Athénodore, et de marcher en cela sur les traces des Angelo (2) de Montorsole.

« Il me paraît que l'on commence à prendre ce système, puisque les directeurs du Musée viennent, dit-on, de proposer un prix de quinze cents francs à celui qui donnerait aux deux bras tronqués de la belle Vénus de l'île de Milo, la position la plus gracieuse et

(1) Vénus Borghèse, Trajan, Esculape, etc.

(2) Elève de Michel-Ange, et réparateur des plus belles statues de l'antiquité.

surtout la plus analogue à l'intention première du sculpteur qui créa ce chef-d'œuvre. Etait-ce une Vénus genitrix, ou victorieuse, ou pudique? M. Durville, à qui nous devons sa découverte, et qui l'a vue presque sans mutilation, a fixé irrévocablement toute incertitude à cet égard, dans son intéressante relation hydrographique de la gabare du roi, *la Chevrette.*

« Trois semaines, dit-il, environ, avant « notre arrivée à Milo, un paysan grec, bê- « chant dans son champ renfermé dans l'en- « ceinte probablement de l'antique Melos, « rencontra quelques pierres de taille; comme « ces pierres, employées par les habitans « dans la construction de leurs maisons, ont « une certaine valeur, cette considération « l'engagea à creuser plus avant, et il parvint « ainsi à déblayer une espèce de niche dans « laquelle il trouva une statue en marbre, « deux Hermès, et quelques autres morceaux « de la même matière. (1)

(1) « La statue était de deux pièces, jointes au « moyen de deux forts tenons en fer. Le Grec, crai- « gnant de perdre le fruit de ses travaux, ajoute « M Durville, en avait fait porter et déposer dans

« Lors de notre passage à Constantinople,
« M. de Rivière m'ayant beaucoup ques-

« une étable la partie supérieure avec les deux Her-
« mès; l'autre était encore dans la niche. Je visitai le
« tout attentivement, et ces divers morceaux me pa-
« rurent de bon goût, autant cependant que mes fai-
« bles connaissances dans les arts me permirent d'en
« juger.

« La statue, dont je mesurai les deux parties sépa-
« rément, avait, à très-peu de chose près, six pieds
« de haut. Elle représentait une femme nue, *dont la*
« *main gauche* relevée *tenait une pomme*, et la droite
« soutenait *une ceinture habilement drapée*, et qui tombait
« négligemment des reins jusqu'aux pieds; du reste,
« elles ont été l'une et l'autre mutilées, et sont ac-
« tuellement détachées du corps; les cheveux sont
« retroussés par derrière et retenus par un bandeau;
« la figure est très-belle, et serait bien conservée, si
« le bout du nez n'était pas entamé (on l'a restauré
« en plâtre); le seul pied qui reste est nu; les
« oreilles ont été percées et ont dû recevoir des pen-
« dans. Tous ces attributs sembleraient assez convenir
« à la Vénus du jugement de Pâris; mais où seraient
« alors Junon, Minerve et le beau berger? »

Où? Tout à côté, peut être; il serait donc utile de faire en cet endroit de nouvelles fouilles. M. Durville fortifie mon opinion en rapportant :

« Qu'on a trouvé en même temps un pied chaussé
« d'un cothurne et une troisième main. D'un autre

« tionné sur cette statue, je lui dis ce que j'en « pensais; et je remis à M. de Marcellus, secré- « taire d'ambassade, la copie de cette notice.

« A mon retour, M. de Rivière m'apprit

« côté, le nom de *melos* a le plus grand rapport avec « le mot qui signifie *pomme*. Ce rapprochement ne « serait-il pas indiqué par l'attribut principal de la « statue ?

« Les deux Hermès l'accompagnaient dans sa niche ; « du reste, ils n'ont rien de remarquable. Leur hau- « teur est de trois pieds et demi ; l'un est surmonté « d'une tête de femme ou d'enfant, et l'autre porte « une figure de vieillard avec une longue barbe ; « l'entrée de la niche était surmontée d'un marbre de « quatre pieds et demi environ de longueur sur six « à huit pouces de largeur ; il portait une inscription, « dont la première moitié seule a été respectée par « le temps ; l'autre est entièrement effacée ; cette « perte est inappréciable ; peut-être eussions-nous « acquis par là quelques lumières sur l'histoire de « cette île, que tout prouve avoir été jadis très-flo- « rissante et dont le sort nous est inconnu depuis « l'invasion des Athéniens, c'est-à-dire depuis vingt- « deux siècles.

« Au moins eussions-nous appris à quelle occasion « et par qui ces statues avaient été consacrées. Néan- « moins j'ai copié avec soin les caractères qui res- « taient de cette inscription, et je puis les garantir « tous, excepté le premier, dont je ne suis pas sûr. »

« qu'il en avait fait l'acquisition, et qu'elle « était embarquée sur un des bâtimens de la « station. »

« J'ajouterai d'autres faits qui m'ont paru très-authentiques.

« M. l'ambassadeur la fit acheter de moines grecs, qui en avaient compté trois cents francs au propriétaire. Mais au moment où M. de Marcellus arrivait pour se la faire livrer, les Anglais (1) l'avaient déjà fait transporter

ΔΑΚΧΕ°ΣΑΤΙ°ΥΥΠ°ΓΥ. . . . . ΑΣ. . .

ΤΑΝΤΕΕΞΕΔΡΑΝΚΑΙΤ°. . . . .

ΕΡΜΑΙΗΡΑΚΛΕΙ.

(*Extrait des annales maritimes et coloniales*, mars 1821, pag. 152.)

Peut-être Tisandre, (*a*) sculpteur, qui fit diverses statues des plus grands capitaines de la guerre du Péloponèse, et que Pausanias cite comme un habile artiste, est-il l'auteur de cette statue ; au moins on a des raisons pour le conjecturer, d'après l'inscription tronquée qu'on voit sur un morceau de marbre séparé et formant sa base. On y lisait *andros*, la première syllabe a disparu.

(*a*) Voyage en Phocide, liv. X. page 180.

Note de l'Auteur.

(1) Nous retrouvons perpétuellement cette nation

sur un de leurs vaisseaux, sans doute avec le projet de l'expédier à Londres. Afin de mieux cacher ce dessein, et de faire plus sûrement et sous un prétexte plausible, rompre le mar-

pour contrecarrer nos moindres entreprises. Des altercations se sont élevées entre nos voyageurs et les consuls anglais, relativement à la possession du Zodiaque du temple de Tyntira, ou Denderah, dont les soins, les travaux et la persévérance de M. Lorrain ont enrichi sa patrie. La cause fut portée au conseil du pacha d'Egypte, qui trancha la difficulté en faveur de la France. J'aime à le croire, l'influence du jeune Osman, favori de Méhémed, dont nous avons été personnellement à même d'apprécier à Paris l'attachement, et je dirais presque le dévouement pour notre pays, aura sans doute bien contribué à une décision aussi favorable que juste. J'ai entendu conter à cet Osman un fait peu connu : « Si certains agens de votre gouvernement s'y fussent bien pris, me dit-il un jour, l'aiguille de Cléôpatre ne serait pas à Londres, mais à Paris. » Malgré certains bruits que je crois absurdes, espérons que les Anglais n'obtiendront pas, par de nouvelles ruses et par des transactions désavantageuses, cette grande page de l'Histoire ancienne, je veux dire le Zodiaque de Tyntira, qu'ils convoitent depuis si long-temps, et qu'ils n'ont pu conquérir par un droit légal; autrement la paix avec ce peuple serait pour nos arts cent fois plus préjudiciable que la guerre.

Note de l'Auteur.

ché contracté au nom de l'envoyé de France, il est à présumer qu'on mît en avant les Papas, qui, disaient-ils, ne pouvaient tenir à leur engagement, ni se dispenser d'envoyer ce beau morceau d'antiquité à un prince de leur nation, grand amateur des arts, et dont ils craignaient de perdre la protection à Constantinople, s'ils oubliaient de lui en faire hommage.

« Les réclamations de justice étant employées sans succès, on fut obligé, pour la faire restituer, d'employer la force..... On se battit; la Vénus de Milo fut le prix de la victoire; et c'est uniquement au zèle, à l'intrépidité et au courage du jeune secrétaire que nous devons la propriété de cet inestimable chef-d'œuvre, ainsi que de plusieurs lampes et candélabres, qui ne sont pas encore exposés à la curiosité du public. On assure que le nouvel ambassadeur près la Porte, M. de La Tour-Maubourg, a reçu des ordres du gouvernement pour faire de nouvelles fouilles à Milo. »

« Ces détails sont très-intéressans, me dit Philoménor; mais je vous en donnerai d'autres qui vous étonneront sans doute.

« Les Anglais ne doivent pas regretter la perte de ce monument, puisqu'ils ont à Londres, dans leur British Muséum, une statue absolument pareille, également composée de deux morceaux de marbre ayant à peu près, je crois, la même hauteur, la même pose, la même attitude, les mêmes ornemens, et qui a presque éprouvé les mêmes dégradations.

« Pour moi, je puis vous assurer que pendant mon séjour à Londres, j'ai vu de mes propres yeux cette statue, en tout semblable à celle dont M. Durville communiqua à M. de Rivière la description écrite et si parfaitement détaillée, lorsqu'il l'eut aperçue pour la première fois en herborisant à Milo.

« A statue of Venus, naked to the waist,
« and covered with drapery from thence
« downwards. The drapery, though bold, is
« light and finished, and is supported, being
« thrown over the right arm. The attitude of

TRADUCTION.

« Cette statue, à demi-nue, est couverte d'une dra-
« perie qui l'enveloppe depuis la ceinture jusqu'à
« terre. Cette draperie légère, d'un fini exquis, est
« relevée et jetée au-dessus du bras droit. L'attitude de
« la statue est naturelle et pleine de grace; et la tête,

« the statue is easy and graceful, and the in-
« clination of the head perfectly corresponds
« with the character and expression of the
« whole figure. The sculpture is of the highest
« order; and the original polish of the mar-
« ble is admirably preserved; but the left arm,
« the right hand, and the tip of the nose have
« been restored. Upon the whole this figure
« may rang as one of the finest female statues
« which have been yet discovered.

« It consists of two pieces of marble imper-
« ceptibly joined at the lower part of the
« body within the drapery. The marble of
« which the body is composed is of a lighter

« un peu penchée, correspond parfaitement avec le
« caractère et l'expression des autres parties du corps.
« C'est un morceau de sculpture du premier ordre.
« Ce marbre admirablement conservé n'a presque rien
« perdu du poli que le ciseau de l'artiste lui avait donné;
« mais le bras gauche, la main droite et le bout du
« nez ont été restaurés. En tout, cette figure peut
« être mise au nombre des plus belles statues de
« femmes qui aient encore été découvertes.

« Cette statue est faite *de deux pièces de marbre*
» dont la jointure imperceptible est à la partie la plus
« basse du corps, dans la draperie. Le marbre dont

« colour than that of which the drapery is « formed; and the beautiful effect produced « by this contrast, proves that it was not an « accidental circumstance, but was the result « of previous knowledge and skill in the « artist. It was in consequence of the two « parts being detached, that they were al- « lowed to be exported from Italy as frag- « ments of two different statues.

« This exquisite piece of sculpture was « found in the ruins of the maritime baths of « the emperor Claudius (*a*), at Ostia, by M. « Gavin Hamilton, in the year 1776. A figure

(*a*) *It is known that maritime baths were built at*

« le sculpteur a composé le corps de la statue est « d'une couleur plus claire que celui employé à le « draper; et le bel effet que produit ce contraste, « prouve que cette disposition est due au talent et à « l'habileté de l'artiste, et non au hasard. La sépara- « tion de la statue en deux parties fut le motif qui « fit obtenir la permission d'emporter ce chef-d'œuvre « d'Italie, parce qu'on regarda ces deux morceaux « comme les fragmens de deux statues différentes.

« Cet excellent morceau de sculpture a été trouvé « dans les ruines des bains maritimes de l'empereur

« of Venus very nearly resembling the pre-
« sent, but with the position of the arm rever-
« sed, occurs on a medaillon in bronze of Lu-
« cilla (1), where the goddess is represented
« standing at the edge of the sea or at the

Ostia by the emperor Claudius, from the fragment of an inscription which was found there with this statue. From other inscriptions, discovered at the same time, we learn that these baths were repaired by different emperors down to the time of Constantine.

Un fragment d'inscription trouvé avec cette statue fit connaître que des bains maritimes avaient été bâtis par l'empereur Claudius à Ostia. D'autres inscriptions, qu'on recueillit en même temps, ont également appris que ce monument thermal avait été réparé depuis par plusieurs empereurs successeurs de Constantin.

(1) *Numismata ærea selectiora maximi moduli è Musco Pisano. Tab. XXV. f.* 3.

Choix des plus grandes médailles de bronze du Musée de Pise. Table XXV. f. 3.

« Claudius à Ostia, par M. Gavin Hamilton, dans
« l'année 1776. Une figure de Vénus ressemblant
« beaucoup à celle-ci, mais ayant le bras renversé,
« est gravée sur une médaille de bronze de Lucilla,

« head of a bath, surrounded by Cupids, one « of which is leaping into the water (1); and « it is not improbable that the present statue « might have been placed, as an appropriate « ornament, in the baths which were cons- « tructed on the spot where the statue was « discovered. It is 6 feet 11 inches ½ high; « the latter measures 4 5/9 inches. »

(1) *Ancient painting representing a similar subject was found in the excavations of the villa Negroni Winckelmann*, Histoire de l'art chez les anciens, *tome II, page* 336.

Une ancienne peinture représentant un sujet semblable, a été tirée des fouilles faites à la Villa Negroni. *Voyez* Winckelmann, *Histoire de l'art chez les anciens*, tome II, page 336.

« où la déesse est représentée debout sur le bord de « la mer ou près d'un bain, entourée d'Amours, dont « l'un s'élance dans l'eau. Il est probable que dans le « principe la Vénus d'Ostia fut faite exprès pour or- « ner les bains de Claudius, qui étaient construits « dans le lieu où elle a été découverte. La première « statue a 6 pieds 11 pouces 1/2 anglais de hau- « teur; la seconde 4 pouces 5/9 »

« Je finirai par vous faire observer que l'Iconographie, dont j'ai pris cet extrait, où se voit gravée et si clairement dépeinte la sœur de la Vénus de Milo, fut publiée en 1812, et achetée la même année par la Bibliothèque royale ; c'est-à-dire, huit ans avant la découverte de la statue que vous avez acquise en 1820. On doit donc nécessairement ajouter foi aux détails donnés par le livret anglais. Reste à savoir laquelle des deux Vénus est l'original? ne sont-elles point l'une et l'autre sorties du même ciseau? C'est un problème que je laisse à résoudre aux savans plus versés que moi dans la connaissance des antiques. Au surplus, pour la restauration de la divinité que la France possède, il ne serait pas sans doute indifférent de faire consulter à l'artiste réparateur la *Vénus victrix* de Londres. Cette mesure est indispensable.

« Si la Vénus de Milo, ajouta le jeune Grec, trouve à Londres une rivale mieux conservée, que de morceaux d'un style sévère ou gracieux doivent vous consoler à Paris de quelques faibles mutilations! Le local de votre Musée est unique au monde; il est vraiment disposé pour être le Panthéon des dieux de Memphis, de Rome et d'Athènes. Vous me permettrez cependant une critique très-fondée; presque toujours vos galeries de peinture offrent des lacunes que nécessitent quelques restaurations ou l'intérêt de vos manufactures. Ne serait-il pas aisé de remplir ces vides par des tableaux tirés de vos riches magasins où, soit à Paris, soit à Versailles, sont entassés, en prodigieuse quantité, tant d'objets, dit-on, très-précieux : je puis désigner surtout ceux qui sortent de l'école flamande. Ce serait accorder un tour de faveur à des peintres négligés, et ménager de nouvelles jouissances pour le public.

« D'ailleurs, ces tableaux ne se conserveraient-ils pas beaucoup mieux, si, au lieu de rester en pile, tous étaient restaurés et placés dans les autres salles du Louvre et des palais de la couronne ? »

Nous avions examiné ce bel établissement dans toutes ses parties. Les galeries d'Italie, d'Allemagne, de Flandre, d'Hollande et de France, nous avaient ravis d'admiration; et nous nous étions convaincus que malgré des pertes immenses, le Musée royal possédait encore des morceaux inappréciables que pouvait multiplier d'un jour à l'autre le zèle éclairé des administrateurs. Notre attention s'était fixée sur quelques dispositions récemment faites dans le grand salon, où l'on a placé plusieurs tableaux (1) magnifiques dans les genres les plus variés.

En considérant le chef-d'œuvre du seul peintre vivant (2) admis dans la collection du Louvre, nous félicitâmes notre siècle ; il n'avait pas dégénéré de ceux qui l'avaent si glorieusement précédé. Loin de pâlir devant les immortelles compositions des Lebrun et des Paul Veronèse, le tableau du célèbre Gérard, l'entrée de Henri IV dans Paris, semblait rivaliser d'éclat et de perfection avec les batailles d'Alexandre et les Noces de Cana.

Aucun sujet remarquable ne s'était soustrait aux plus scrupuleuses investigations. Ni les dessins, ni les gouaches, ni les pastels, ni les émaux, ni les mosaïques de la galerie d'Apollon, ne nous avaient échappé dans leurs moindres détails. Nous croyons avoir tout vu, lorsque nous aperçûmes une grille du meilleur goût, aussi belle que la porte en

(1) Beaucoup sont extraits du Luxembourg.

(2) Madame Le Brun jouit aussi de la même faveur.

bronze de la salle des Cariatides. Delà nous étions passé dans une salle ornée de vases, de compartimens en marbre, de peintures modernes et de statues antiques. Quelle fut notre surprise! En pénétrant dans une dernière pièce nous fûmes enchantés d'une innovation qui nous rappela les Musées de Parme et de Florence. Dans plusieurs armoires d'acajou, on admire d'abord à travers des glaces un nombre très-considérable de vases antiques dits étrusques et d'autres provenant des ruines de Pompeïa et d'Herculanum. Il est impossible de voir des formes plus singulières, plus variées et plus originales; d'autres cases renferment des armures (1), des bijoux, des meubles rares, des curiosités de toute espèce; en un mot, tout ce que l'art et le génie des artistes a composé de plus fini en employant les précieux trésors de la nature.

Peu de jours après nous nous rendîmes au Musée du Luxembourg, où nous regrettâmes que le petit nombre d'antiques placés dans les salles ou dans les jardins, fussent en partie brisés; et nous vîmes avec chagrin qu'on songe

(1) Notamment celle de Charles IX.

à peine à les réparer (1). Saisis d'admiration à la vue des sublimes productions de l'école française, nous eussions désiré que les tableaux fussent disposés comme ceux du Musée du Louvre, où de petits sujets de genre sont au-dessous des grandes compositions, quand l'espace le permet, et remplissent de temps à autre les vides formés par l'inégalité des grandeurs.

Quelques sculptures modernes des Delaître, des Pajou, et surtout la Baigneuse de Julien, enlèverent notre suffrage. Nous eussions désiré que toutes les salles, et notamment celles embellies par les Marines du célèbre Vernet, dont les talens passent du père aux enfans comme un patrimoine héréditaire, fussent toutes entièrement regarnies. Nous voulions surtout qu'on se montrât plus sévère dans le choix des tableaux, et qu'on mît plus de goût dans leur placement et leur distribution.

« Si dans un Musée, me dit Philoménor,

(1) Comme on a déjà fait à la plupart des statues des Thuileries.

on doit trouver tous les genres réunis, je m'aperçois d'un oubli très-important, et précisément dans la partie où vos artistes ont acquis incontestablement une supériorité marquée. En vain, nous chercherions ici quelques ouvrages des Petitot de ce siècle. » « Cela est infiniment regrettable, lui répondis-je; tout le monde en convient; la miniature a atteint de nos jours l'apogée de la perfection; et c'est au pinceau délicat des Saint, des Augustin, des Jacquotot et des Lyzinka que nous devons cet avantage. Je n'ai pas dit trop; la vraie route est tracée; et si l'on s'en écarte, cet art ne peut que décliner. On y voit encore peu de portraits; je n'y en connais que deux (1); ce genre intéressant ne devrait pas être plus négligé que les autres, surtout, lorsque les David, les Gérard, les Prudon, les Robert Lefebvre et les Kinson y ont presque égalé les plus parfaits modèles. Ce dernier possède dans son atelier plusieurs tableaux-portraits dont il peut disposer, et qui sont aussi remarquables par le charme et

(1) Celui de Pie VII, et celui d'une négresse.

l'expression de la figure, que par le naturel des attitudes, le piquant du costume, la vérité des draperies et l'élégance des accessoires. »

CHAPITRE X.

Manufacture des Gobelins. — Critique des bâtimens de cet établissement. — Plan et moyen de restauration. — Notice historique. — Ouvriers, tentures, expositions. — Améliorations, encouragemens. — Musée des arts et métiers. — Maison des Jeunes-Aveugles. — Leur admirable industrie.

Nous n'étions pas loin des Gobelins ; Philoménor nous y fit conduire. Il fut étonné de l'insignifiante entrée de cette royale manufacture, de ses constructions presque conventuelles, de ses étroites galeries et de ses ignobles ateliers. Il comptait y acheter des tapis ; mais on lui assura qu'on n'y en vendait point, et que le Roi se les réservait tous, soit pour meubler ses châteaux ou pour en faire des présens. « Si votre gouvernement, me dit mon Grec, ne voulait rien débourser pour donner à cette manufacture des bâtimens tels que son titre et l'importance de ses travaux l'exigent, ne serait-il pas facile de vendre chaque année pour quelques centaines de mille francs des tissus que l'on reproduit toujours au double? Ce qui se fait à Sèvres peut se faire aux Gobelins; et les sommes réunies qui proviendraient de ces ventes auraient bientôt donné un capital assez fort pour bâtir un monument digne de cette manufacture, et qui répondît à la magnificence des ouvrages que l'on y fabrique. A cet effet, on devrait augmenter encore le nombre des ouvriers (1), qui me paraît dans ce moment beaucoup trop faible; et si je fonde une opinion sur les immenses collections exécutées sous Louis XIV, j'ai lieu de conjecturer qu'il était beaucoup plus considérable sous le règne de ce grand roi qu'il ne l'est aujourd'hui. D'après un témoi-

(1) « Un édit déférait le droit de maîtrise aux orfèvres, ébénistes, horlogers, menuisiers réunis à cette manufacture où l'on avait l'intention d'entretenir soixante jeunes gens exercés dans ces différens arts y compris celui de la tapisserie. » *Encyclopédie.*

Cette note explique très-clairement le sujet d'une tenture qui sans elle serait inintelligible. Louis XIV y est représenté visitant les Gobelins avec Colbert, et examinant tour à tour non-seulement des tapisseries,

gnage irrécusable, les chefs de l'établissement seraient fort embarrassés s'ils avaient le malheur de perdre quelques habiles sous-directeurs qui me semblent fort âgés. Enfin, si j'en excepte les deux grandes expositions d'hiver et d'été, où les salons du Louvre, les cours, les galeries des Gobelins, et quelques rues de Paris, sont garnies des nouvelles et des anciennes tapisseries de cet établissement, qu'y voient les étrangers le reste de l'année? Un très-petit nombre de morceaux, quelques statues de plâtre et quelques tableaux-modèles. Enfin, les conducteurs vous apprennent que dans de longues armoires sont entassés et serrés avec soin les ouvrages confectionnés dans cette manufacture.

« Je pense, moi, que pour la gloire de l'industrie française, pour faire mieux apprécier les progrès successifs que cet art a faits et le haut degré de perfection où il est porté, je pense qu'on devrait ouvrir dans cet établissement deux longues salles, uniquement con-

mais des vases d'or et d'argent magnifiquement ciselés, des pendules, des étoffes et des meubles de la plus grande richesse.

sacrées à satisfaire pleinement la curiosité des étrangers. Dans l'une seraient suspendues quelques tapisseries exécutées sous les différens règnes qui ont précédé ou suivi sa fondation jusqu'à nos jours ; dans l'autre, les plus beaux tissus de notre époque. Au moins, une fois par mois, on verrait graduellement quel était le talent des ouvriers sous les Valois (1), Henri IV (2), Louis XIII, la Régence, Louis XV, Louis XVI, la République, l'Empire, et ce qu'il est devenu depuis notre heureuse restauration.

« Qu'on ne m'objecte point un obstacle que j'ai prévu ! Mon projet, me direz-vous, serait contraire à la conservation de ces chefs-d'œuvre. On sera désabusé de cette chimère,

(1) Dès le treizième siècle, le Châtelet de Paris rendit une sentence en faveur des tapissiers de haute lisse contre les tapissiers sarrasinais qui travaillaient les tapis à la façon du Levant.

Cet art, comme l'on voit, n'est pas récemment introduit en France.

(2) « Henri IV avait déjà établi une manufacture de tapisseries, à l'instar de celle de Flandre, sous la direction des sieurs Comans et de la Planche. » *Encyclopédie.*

en réfléchissant qu'il serait aisé de rouler sur elles-mêmes ces tentures, sans les dépendre pendant les intervalles des diverses expositions; et, par un moyen aussi vulgairement connu, on serait certain de soustraire leurs brillantes couleurs à l'altération qu'elles éprouvent par l'action très-réelle, quoiqu'imperceptible, de l'air et du soleil.

« Enfin, chaque année, pour exciter davantage l'émulation des ouvriers, peut-être serait-il convenable de fonder des prix, qui seraient accordés à ceux dont le talent aurait le plus éclaté dans tous les genres. »

Quelques jours après, nous nous rendîmes au Musée des Arts et Métiers. Philoménor, qui aimait autant les inventions utiles à l'humanité que celles qui ne contribuent qu'à l'agrément de la vie, était à chaque pas dans une perpétuelle surprise. Il ne savait ce qu'il devait le plus admirer des machines innombrables qui avaient enfanté de si beaux ouvrages, ou du génie créateur qui avait si prodigieusement simplifié les moyens en multipliant les combinaisons et les résultats.

« Nous verrons quelque chose de plus surprenant, lui dis-je : par un systéme aussi nouveau qu'admirable, une classe, heureusement peu nombreuse, d'infortunés aveugles de naissance, ont été rendus capables de se servir de ces machines, de ces mécaniques merveilleuses, et de connaître tous les secrets de notre industrie. Il y a plus; non-seulement ils ont été initiés à nos lettres, à nos sciences et à nos arts, mais encore à nos délassemens les plus compliqués et les plus susceptibles des calculs d'un esprit fin et délié. Aujourd'hui, par le seul secours du tact, de l'ouie et de l'odorat, les aveugles lisent, écrivent, calculent, composent de la musique, jouent des instruments, et font leur partie de dames, d'échecs ou de trictrac.

« Leurs mains sont devenues assez savantes pour donner aux objets de leurs travaux les ornemens les plus convenables et les formes les plus heureuses; pour distinguer les couleurs sans le secours de l'œil; pour les mêler, les nuancer avec goût dans les ouvrages de toutes les professions qu'ils exercent; et quelquefois ces ouvrages sont presqu'aussi beaux et aussi parfaits que ceux des artistes pour qui la nature s'est montrée prodigue de ses dons. »

CHAPITRE XI.

Marchés publics. — Abus. — Réformes possibles. — Bazars, leur agrément. — Bibliothèque royale, son histoire abrégée. — Bibliothécaires. — Cabinet des médailles. — Anecdoctes curieuses et importantes sur l'enlèvement forcé de quelques objets de cette collection. — Cabinet des gravures. — Galeries des manuscrits. — Histoire du vol d'Aimon. — Hôtel de ville. — Sa bibliothèque. — Réparer ce monument municipal; indication des moyens.

En quittant le Musée des arts et métiers, nous avions traversé différens marchés de Paris, notamment celui Saint-Martin et ceux du faubourg Saint-Germain. Mon jeune étranger avait été très-satisfait de la belle distribution des différentes parties qui les composent. Nous fûmes surtout frappés de l'excellente police observée pour la vente et le débit des denrées. « Tout irait encore mieux pourtant, lui dis-je, si des réglemens qui existent, comme je le crois, pour la tenue intérieure et extérieure de ces édifices publics étaient plus strictement suivis.» «Sans doute, reprit Philoménor, que des mesures de propreté y soient plus soigneusement respectées, et ces vastes bâtimens auront acquis un dégré de perfection exigible et convenable. En vain d'industrieux architectes ont sagement prévu ce qui devait être nécessaire pour accorder ensemble le goût avec la commodité, cela ne suffit pas à certaines gens.

« Dans le vaste bazar du Temple et ailleurs, j'ai remarqué que la plûpart des entrées sont offusquées par des constructions baroques et bizarres que se permettraient seuls des visigots ou des vandales.

« Cependant puisque j'ai prononcé le nom de bazar, il faut avouer, mon cher ami, que votre siècle a prodigieusement gagné en agrémens de tout genre; et, sans contredit, vous les devez en partie, à l'ouverture publique de ces établissemens qui, par la perfection de vos arts, ne ressemblent guères à ceux de l'Orient. Ce sont, en tout temps, pour l'amateur, de véritables succursales de vos Musées, et des expositions perpétuelles de tous les produits de votre industrie nationale. »

Avant de nous rendre à la cathédrale et à l'hôtel-de-ville, Philoménor, le jour suivant, désira visiter la bibliothèque royale (1),

(1) Avant St. Louis et depuis, les clercs et les moines étaient presque les seuls qui sussent lire; et personne ne leur enviait le petit nombre d'ouvrages dont ils étaient possesseurs et dont ils faisaient de continuelles copies. La bible, quelques traits des pères de l'église, des canons, des missels, des livres historiques et de plain-chant formaient dans ce temps toute la bibliothèque de nos rois. Saint-Louis, qui semble avoir eu pendant quelque temps le projet de créer un dépôt public de livres, n'y donna point de suite, puisqu'il légua sa bibliothèque aux Jacobins. Le roi Jean n'avait que six volumes de science et d'histoire et trois ou quatre de dévotion. La bibliothèque royale fut véritablement fondée par Charles V, qui plaça une collection de neuf cents dix volumes, collection immense pour le temps, dans une tour du Louvre, à la voute de laquelle il ordonna qu'on appendît trente petites lampes d'argent, afin qu'on y pût travailler à toute heure.

Sous le règne désastreux de Charles VI, elle fut dispersée par le duc de Bedfort qui, pour mieux voiler ses déprédations, acheta pour une somme modique tous les livres qui la composaient (et que personne n'avait le droit de lui vendre pendant l'absence et la proscription de l'infortuné et glorieux Charles VII). Par ordre du duc de Bedfort, de ce prétendu régent de France, tous ces livres furent

celles de la préfecture et de Sainte-Geneviève. Il fut enchanté de la complaisance et surtout de la vaste érudition des hommes de lettres qui les dirigent, et dont la mémoire est elle-même une encyclopédie

envoyés en Angleterre avec les archives du royaume déposées également dans la tour du Louvre. Cette bibliothèque fut rétablie par Charles VIII, et augmentée de manuscrits apportés de Naples, de la bibliothèque de Pétrarque, de celle du duc de Milan, du cardinal Strozzi, et surtout de beaucoup de livres imprimés. Elle s'accrut sous Louis XII des livres que le duc d'Orléans avait dans son château de Blois. François Ier incorpora cette collection à celle qu'il avait commencé de former à Fontainebleau ; elle devint ensuite très-considérable par l'achat qu'il fit faire d'auteurs grecs et latins. Henri II contribua encore plus à son augmentation par l'ordonnance qui enjoignait aux libraires de fournir un exemplaire en vélin et relié de chaque livre dont on leur accorderait le privilège. Henri IV fit revenir cette bibliothèque à Paris, et y ajouta celle de Catherine de Médicis. Elle fut d'abord déposée dans une salle du collége de Clermont; ensuite dans une grande salle des Cordeliers; sous Louis XIII elle fut transportée dans une maison de la rue de la Harpe où elle fut singulièrement enrichie de manuscrits syriaques, turcs, arabes, et persans. Colbert la plaça dans la rue Vivienne et fit réunir dans

vivante. Cependant une réforme y est indispensable. Le moment où finissent les classes de l'Université semble exiger impérieusement que les anciens usages soien maintenus pour l'ouverture des bibliothèques

le même local les autres curiosités (*a*) qu'elle contient. M. de Louvois lui destinait les bâtimens de la place Vendôme; ce projet sévanouit avec lui. De la rue Vivienne elle fut définitivement transférée dans un démembrement du palais du cardinal Mazarin où elle se trouve aujourd'hui. *Extraits de M. de St. Victor et de M. de Jouy.*

M. Van Praet a bien voulu m'apprendre que la Bibliothèque royale contient actuellement quatre cent cinquante mille volumes imprimés et pareil nombre de pièces fugitives placées dans des cartons, et plus de cent mille manuscrits. L'intérieur de l'établissement ne peut être mieux tenu; et le jardin, où l'on admire une Diane de Houdon, vient d'obtenir depuis peu des ornemens très-soignés. *Note de l'Auteur.*

(*a*) Par les ordres de Louis XIV, M. Vaillant parcourut plusieurs fois l'Italie et la Grèce, il en rapporta une infinité de médailles singulières. Cette collection augmentera chaque jour. M. de Saint-Sauveur rapporte en France neuf cents médailles grecques, parmi lesquelles il y en a plusieurs en or, en argent, inédites, et qui sont dignes de fixer l'attention des antiquaires et des connaisseurs.

situées près du pays latin ; toutefois les changemens opérés insensiblement dans les mœurs et les habitudes de la société doivent nécessairement introduire une innovation dans les heures de lecture, au moins à la bibliothèque royale ; et je crois qu'à ce sujet on ne peut mieux faire que de suivre l'exemple donné par le sage directeur de la bibliothèque de la ville, où les portes s'ouvrent à midi et se ferment à quatre heures. On avait eu l'attention de communiquer au jeune Grec les livres les plus rares et les plus curieux ; il avait examiné de près le Parnasse en bronze de du Tillet, le plan des déserts de l'Égypte, et les globes de Marly. « Le vaisseau de la bibliothèque est très-beau, me dit Philoménor ; je voudrais cependant que sur ses longues voutes on peignît à fresque les hommes de génie de tous les âges et de toutes les nations. »

Le cabinet des médailles et pierres gravées fixa surtout notre attention. « Ce cabinet était beaucoup plus riche autrefois, dis-je à mon ami. Le 16 février 1804, les conservateurs de la bibliothèque furent avertis qu'on avait formé le projet de voler les raretés qu'il renfermait. Ce fut en vain qu'ils sollicitèrent du commandant de la place le rétablissement d'un poste ou corps-de-garde près l'arcade Colbert. Ils éprouvèrent un refus dans une lettre qui leur fut écrite; et ce refus était motivé sur le peu de troupes disponibles que l'on avait alors à Paris. Malgré les mesures d'une exacte surveillance, des hommes profondément pervers réussirent quelque temps après à placer un petit baril de poudre dans l'intérieur même, et sous une des tablettes du cabinet. Un de ces malfaiteurs, feignant de s'être donné la mort pour se soustraire plus facilement aux poursuites de la justice, dévoila dans une espèce de testament cet affreux stratagême. La machine infernale fut trouvée à l'endroit indiqué, et, très-heureusement, ne produisit aucun effet. Si l'explosion espérée par ces scélérats eût eu lieu, le vol des précieux antiques se serait fait infailliblement au milieu de la confusion qu'eût causé un pareil événement. N'ayant pu consommer leur crime, comme je vous l'ai dit, par suite des remords d'un des complices, qui étaient au nombre de huit, ces bandits n'abandonnèrent pas leur projet; ils profitèrent d'une circonstance qui ne les servit que trop bien.

A cette époque, on faisait des arrestations dans différens quartiers de Paris. Ils crurent l'occasion favorable et ne la laissèrent pas échapper. Afin de réussir plus sûrement encore, ils employèrent une prudence raffinée. Ils commencèrent d'abord par disposer quelques-uns de leurs camarades en sentinelles autour du bâtiment de la bibliothèque. Ils louèrent un fiacre, et donnèrent l'ordre au cocher de faire rouler continuellement sa voiture dans la rue de l'Arcade, pour qu'on n'entendît pas les coups redoublés qu'ils portaient à une des croisées du cabinet, avec un long morceau de bois ou petit mât, qu'ils avaient dérobé à un navire en station sur la Seine. Ayant pénétré par ces moyens dignes de Mandrin et de Cartouche, dans le précieux dépôt, ces brigands volèrent tout ce qui se trouva dans une des armoires, entre autres les couronnes des rois lombards, le poignard de François Ier., l'agathe de la Sainte-Chapelle, donnée par Charles V en 1573, dite à cette époque le Triomphe de Joseph en Égypte, et reconnue depuis par les savans pour être l'apothéose d'Auguste ; ils s'emparèrent encore de la coupe de Ptolemée, qui appartenait à Suger.

et qu'un des voleurs cacha près Laon, dans le jardin de sa mère; là elle fut retrouvée lorsque le commissaire du gouvernement, Gohier, eut fait arrêter les voleurs en Hollande, au moment où ils étaient prêts de vendre l'agathe de la Sainte-Chapelle, qu'on fut obligé de faire remonter à neuf, ainsi que la coupe de Suger, attendu que les spoliateurs en avaient fondu les encadremens, et généralement tout l'entourage.

« Ces deux bijoux furent à peu près les seuls que le cabinet des antiques put recouvrer. Une grande partie des autres objets enlevés avait été déjà vendue et livrée à lord Townley, dont le gouvernement anglais a depuis acheté la riche collection.» « Mais, reprit Philoménor, étant en paix avec l'Angleterre, ces objets ne pourraient-ils point être réclamés?» « On réussirait probablement dans cette négociation, lui répondis-je; je crois les Anglais trop délicats pour vouloir conserver des trésors volés, quand ils en connaissent le légitime propriétaire. Cette perte n'est pas la seule qui ait été faite par cet établissement.

« Sous le gouvernement impérial, des morceaux très-précieux ont été soustraits à ce cabinet par l'autorité qui existait alors ; et voilà comment ils en étaient sortis.

« Un jour, Joséphine désirant avoir trois parures nouvelles, envoya demander au conservateur des médailles quatre-vingts pierres gravées en creux et en relief. Cette demande fut d'abord poliment éludée par les directeurs de l'administration, qui firent observer qu'ils ne pouvaient se désaisir du moindre antique, sans une permission écrite et très-précise du ministre de l'intérieur.

« Quelques mois après, le général Duroc et le joaillier de la couronne, munis d'un ordre légal (1), se rendirent à la bibliothèque, et enlevèrent tous les objets précédemment refusés, qui, après avoir été à l'usage de Joséphine, passèrent depuis entre les mains de Marie-Louise.

« En 1814, après la prise de Paris, l'empereur d'Autriche eut la curiosité de visiter le cabinet des médailles ; un des directeurs lui ayant conté tous les détails relatifs à la disparition de ces bijoux, non-seulement Sa Majesté

(1) Un décret impérial fut rendu tout exprès à ce sujet.

promit de les faire restituer, mais elle ajouta que la princesse sa fille les déposerait dans un lieu sûr, où l'on serait à même de les retrouver. Pendant long-temps on ignora ce qu'ils étaient devenus; mais les recherches des administrateurs, secondées par le zèle du ministre de la maison du roi, eurent enfin un plein succès. Tous ces antiques sont retrouvés; et je vous apprendrai qu'ils ont été très-certainement remis à M. Thiéry de Ville-d'Avray, premier valet-de-chambre de Sa Majesté. Il serait bien à désirer que ces raretés, disposées maintenant en pendants d'oreilles, en colliers, en bracelets, en diadêmes et autres ornemens de femme, fussent réintégrés dans l'ancien local, d'où ils n'auraient jamais dû être distraits. »

Nous étions montés au cabinet des gravures, où les plus belles épreuves dans tous les genres couvraient les lambris et recevaient un nouveau relief de la transparence des glaces et de l'élégance de l'encadrement. En passant dans la pièce destinée aux bureaux des directeurs, nous vîmes des chassis que remplissaient du haut en bas de nombreux portefeuilles renfermant les œuvres des graveurs français et étrangers de tous les siècles, depuis l'origine de l'art jusqu'à nos jours. Tout à côté, quelques panneaux de cet appartement étaient encore garnis d'estampes rares, qu'on retrouvait jusque sur les portes, et même jusqu'au plafond. « Ce local est beaucoup trop resserré, me dit Philoménor, pour renfermer les curieux et les travailleurs qui viennent y étudier les grands maîtres. » En effet, nous eûmes peine à trouver place pour parcourir à notre aise les chefs-d'œuvre d'Audran et de Bervick qui nous avaient été confiés. « Votre observation me paraît infiniment juste, mon cher Grec, lui répondis-je; permettez-moi d'en ajouter une autre à mon tour. Cet établissement est fort riche, et cependant il peut devenir plus complet si l'on n'oublie pas d'acheter, lorsque l'occasion s'en présentera, des objets presque uniques, épuisés, dont les planches sont brisées; objets qui, m'a-t-on assuré, ne se trouvent point ici, et que se vantent de posséder en France un petit nombre d'amateurs très-connus. »

De-là nous passâmes à la galerie des manuscrits, où nous fûmes à même d'examiner avec un grand intérêt tant de précieux originaux, sacrés ou profanes ; la belle nettcté des écritures, la finesse des vélins, la magnificence des reliures souvent éblouissantes d'or, de perles et de pierreries (1), la délicatesse des vignettes, la ressemblance des portraits, l'imitation parfaite des sites et des monumens, et surtout l'éclat varié des couleurs, nous firent avouer que nos pères, souvent ravalés par certains auteurs modernes, avaient bien leur mérite, pour suppléer ainsi avec la plume et le pinceau aux découvertes de l'imprimerie et de la gravure qui leur manquaient. On nous montra des ouvrages tracés sur palmier, et mille autres raretés dans toutes les langues. Mais ces curiosités nous firent moins de plaisir que la vue des manuscrits authentiques des Fénélon et des Bossuet, des Racine et des Sévigné, et de tant d'autres illustres Français, dont plusieurs artistes ont trouvé le secret de multiplier à l'infini d'exactes copies, ou, pour mieux dire, des *fac simile.*

Au moment où nous cherchions à lithogra-

(1) D'autres manuscrits sont couverts de velours et de bas-reliefs en vermeil, en cuivre doré et en ivoire, ciselés d'une manière admirable pour le temps.

phier en quelque sorte dans notre mémoire l'image distincte de tant d'écritures différentes, les lettres de Catherine de Médicis, que je remarquai dans une des montres (1), me firent souvenir d'une anecdote très-piquante et très-singulière, dont les preuves m'avaient été communiquées par un effet de l'extrême obligeance de M. Van Praet, un des directeurs de la bibliothèque. « Ces lettres, mon cher Philoménor, dis-je à mon Grec, furent volées ici avec beaucoup d'autres pièces très-importantes, au commencement du dernier siècle par une espèce de Tartuffe sur lequel mille antécédens auraient bien dû éveiller l'attention et une prudente surveillance, surtout à l'époque où La Fontaine écrivait :

« . . . . La méfiance
Est mère de la sûreté. » (2)

« Cet hypocrite s'appelait Aimon; né en Dau-
« phiné, il étudia successivement à Grenoble,

(1) Espèce d'armoires couvertes de verres où sont exposés les manuscrits les plus curieux dans toutes les langues connues.

(2) **Le chat et un vieux rat*, Fable VIII, livre 3.

« à Turin et à Rome, où il reçut les ordres « sacrés. Revenu en France, il fut sept ans « curé dans un village, se dégoûta de cette « pénible fonction, et fit un second voyage « à Rome; ce fut là qu'il conçut le projet de « changer de religion, projet qu'il exécuta à « Berne, où il devint ministre.

« Delà il se retira à la Haye, s'y maria, « fut pensionné par les États-généraux, et « pendant cinq ans exerça le ministère dans « cette résidence. Lassé de la Hollande, Aimon « eut envie de revoir sa patrie, et trouva les « moyens, par les correspondances qu'il y « entretenait, d'en obtenir la permission « du roi, auprès de qui on le fit passer « pour un homme qui pourrait rendre de « grands services, s'il était ramené au sein « de l'église catholique. Il eut donc un passe- « port de M. le comte de Pontchartrain, « et arriva de Bruxelles à Paris (en 1706), « y fit abjuration du calvinisme, et rentra « dans son ancien état. Il lui fut même expé- « dié un brevet du roi pour une pension « de six cents francs; et il fut reçu dans le « séminaire des Missions étrangères par « MM. Thiberge et Brisacier qui en étaient les

« supérieurs. Ce fut à la recommandation de « ces messieurs, aussi bien que de l'abbé Re- « naudot, que ce nouveau converti trouva « un accès libre dans la bibliothèque du Roi « pendant son séjour en cette capitale. M. Clé- « ment, alors garde de la bibliothèque du « roi sous M. l'abbé de Louvois, l'y admit « comme un homme de lettres et un ecclé- « siastique dont il n'y avait point à se défier. « Aimon feignait de chercher des matériaux « pour des mémoires qu'il disait avoir ordre « de faire sur des affaires de religion et d'état. « Non-seulement on eut la malheureuse facilité « de ne lui rien refuser, soit par rapport aux « livres imprimés, soit par rapport aux manus- « crits (1), mais même de l'y laisser travailler à « toute heure et sans témoins. Il abusa étrange- « ment de la confiance qu'on avait en lui. Non « content de voler plusieurs manuscrits entiers, « il poussa la méchanceté jusqu'à détacher, cou- « per et arracher une grande quantité de feuil- « lets dans quelques autres volumes qu'il ne « put pas apparemment emporter, entre autres

(1) A quelques expressions près, tout ceci est tiré d'un manuscrit de la bibliothèque.

« *les Entretiens de Confucius, l'Arithmétique* « *chinoise, un cahier de Géographie chinois,* « *un Alcoran en grec et en latin, une tren-* « *taine de feuillets des Épîtres de saint Paul,* « (l'un des plus anciens manuscrits de la biblio- « thèque), *quatorze de la Bible de Charles-* « *le-Chauve, un manuscrit du même Roi,* « *et les Lettres de Catherine de Médicis, de* « *Charles IX et d'Henri III à leurs ambassa-* « *deurs à Rome* » (1). Après une action aussi noire, cet infâme sortit de Paris au mois de mai 1707, muni d'un passeport de M. de Chamillard, pour se retirer à la Haye, où il alla de nouveau changer de religion; et ce ne fut qu'après l'évasion de ce double renégat qu'on s'aperçut à la bibliothèque des vols qu'il y avait faits.

Une enquête eut lieu, on fit des réclamations relatives à ce délit; et les objets, que cet escroc avait déjà vendus, furent restitués à la France par milord Oxfort de Mortimer, qui en avait fait l'acquisition. »

Nous étions sortis de la bliothèque, en

(1) En sus les *Registres des taxes de la chancellerie romaine; trente-cinq feuillets d'un autre manuscrit des Epitres de St.-Paul.*

faisant de tristes réflexions sur la perversité et l'étrange bizarrerie de l'esprit humain. Arrivés près la place de Grève, Philoménor ne se lassait point d'admirer les points de vue pittoresques qu'offrent les quais des différens bras de la Seine et les environs de l'île Saint-Louis, surtout lorsqu'on les contemple sous un ciel vaporeux. Mais, avant de nous rendre à la cathédrale, dont les tours se présentaient devant nous, nous entrâmes à l'Hôtel-de-Ville, pour y voir les images du bon Henri et du grand roi.

Philoménor fut surpris de la simplicité d'un des premiers monumens de la capitale, et de l'indigence de son musée littéraire, où se trouvent des classiques nombreux, mais où l'on peut signaler des lacunes considérables dans les autres parties de la littérature. « Les fonds manquent, dis-je; et cependant, mon cher ami, personne n'ignore que la commune de Paris est prodigieusement riche.

« Par suite d'un déplorable système, on sacrifie des sommes énormes à des colifichets qui ne durent qu'un jour, ou qui sont détruits au bout de quelques années.

« Convenez-en avec moi, si depuis cinquante ans on eût destiné à bâtir un nouvel Hôtel-de-Ville et à se procurer pour les fêtes un mobilier solide; si, dis-je, on eût destiné la moitié des sommes qui pendant ce court espace ont été prodiguées en pesans échafaudages, en façades, en temples, en galeries, en rochers, en statues postiches de bois, de toile ou de carton, en taffetas, en gazes d'or et d'argent, en guirlandes artificielles et en tant d'autres objets futiles, promptement anéantis et pourtant bien chèrement payés (1), quel monument admirable on aurait à Paris! Cette commune, qui souvent a fait des acquisitions, soit pour assainir certains quartiers, construire des marchés, ou percer des rues adjacentes, a jusqu'ici toujours négligé d'embellir son Hôtel-de-Ville. Possédant des revenus plus considérables qu'aucune cité de France (2), il lui serait aisé d'acheter ce petit nombre de maisons recrépies qui, adossées à l'arcade St.-Jean, aboutissent sur le quai de la Grève, maisons dont la destruction isolerait entière-

(1) Fêtes républicaines et impériales.

(2) Soixante-quatre ou soixante-cinq millions de revenus, assure-t-on; on en avoue près de cinquante.

ment ce simple et noble édifice, et rendrait la façade extérieure parfaitement uniforme et régulière. J'exigerais encore que des statues prises dans les débris de nos anciens monumens détruits, y remplaçassent dans les niches, celles que les Iconoclastes révolutionnaires en ont fait descendre; et qu'enfin l'art du célèbre Dyle rajeunît, comme à la porte Saint-Martin, sa gothique architecture. »

CHAPITRE XII.

Cathédrale. — Préparatifs pour la fête du baptême du duc de Bordeaux. — Décors peu analogues avec la vieille métropole. — Ornemens plus en rapport avec l'architecture gothique. — Avantages qui en eussent résulté. — Note remarquable. — Philoménor assiste à la cérémonie du baptême. — Pièce de vers. — Présages anecdotiques sur le duc de Bordeaux.

Séduits par les brillantes descriptions que les journalistes avaient données des préparatifs immenses faits pour le baptême de S. A. R. Mgr. le duc de Bordeaux, nous nous rendîmes avec empressement à la cathédrale, le jour même de la cérémonie. Là, dès l'entrée, nous croyions être éblouis par une pompe vraiment imposante et religieuse; quel fut notre étonnement en voyant un échafaudage de pièces de charpente cacher la vénérable façade ! Il nous sembla que de longues tentes de forme antique, en étoffes éclatantes, semées de fleurs de lys et bordées de franges d'or, eussent été moins dispendieuses en main-d'œuvre, plus riches, et plus analogues au monument, que ce portique de bois doré et de toiles fraîchement peintes, qui, malgré les ogives, les petites tours, les crénelures et les enjolivemens de toute espèce, n'en paraissait pas moins bizarre, près de ces murs tout noircis par les siècles. Introduits dans l'intérieur, les décorations produisaient au premier coup-d'œil le plus grand effet; ces lustres de cristal, ces candélabres où brûlaient des milliers de bougies, ce dais superbe du velours le plus fin, ces riches tapis, cet autel en arc de triomphe, ces génies portant les insignes du prince, cette chapelle de vermeil, ces draperies amarante et fleurdelysées, ces étoffes d'or et d'argent qui couvraient les murs et les tribunes de la nef, ces guirlandes de fleurs qui s'enlaçaient autour des colonnes et retombaient en longs festons; tout cet ensemble, j'en fais l'aveu, éblouissait d'abord le spectateur. Remis de notre première surprise, nous nous demandâmes si tous les détails étaient bien d'accord avec une cérémonie aussi grave et aussi importante, une cérémonie qui allait pour ainsi dire consacrer à jamais les destinées de la monarchie? « Sans mériter le nom de frondeur partial et caustique, une partie de ces ornemens, me dit Philoménor, ne seraient-ils point plutôt convenables à une salle de bal élevée à la hâte, telle que celle de l'Hôtel-de-Ville, qu'à l'antique métropole de Paris? A-t-on cru faire quelque chose de merveilleux, en peignant provisoirement en couleurs bariolées les croisées des travées qui se trouvent au-dessus du sanctuaire? Pourquoi du provisoire, lorsque la magnificence royale se déployait dans toute sa plénitude? et puisque l'argent ne manquait pas, n'eût-il pas mieux valu employer des verres de couleur, solidement assurés, et qui eussent mis ces croisées parfaitement en harmonie avec les rosaces admirables et autres vitraux de la cathédrale? Au moins, long-temps après la fête, le souvenir de l'événement le plus heureux eût été marqué par une restauration aussi utile qu'indispensable. D'après un principe incontestable, la solidité des choses que l'on paie très-chèrement, peut seule concilier la magnificence avec l'économie. Tous les hommes d'un goût éclairé en diront autant; mais, soit par insouciance, soit par un intérêt sottement calculé (1), cette sage maxime est sans cesse oubliée. Je suis bien éloigné de proscrire de nos temples les fleurs et les feuillages artificiels dans nos cérémonies religieuses ; l'imitation la plus parfaite des trésors de la nature est le plus légitime hommage que l'homme reconnaissant puisse offrir à son éternel bienfaiteur ; aussi n'est-ce

(1) Ne corrigera-t-on jamais nos architectes de cette frivolité de plans qui, malgré nos révolutions successives, semble être un mal héréditaire et incurable ? La fête nautique de la Villette en est une preuve toute récente ; on croirait que nos décorateurs n'ont pas la moindre idée de l'élégance des yachts hollandais. Cependant, personne n'ignorait que la cour devait assister à l'ouverture du canal, et se promener sur le bassin. Les Français qui ont un peu voyagé et fait par eau un trajet plus long que celui de Paris à Saint-Cloud, se contenteront-ils de ces draperies à demi usées, de ces guirlandes flétries et de ces frêles colonnes de papier granit ? Deux simples pyramides en marbre, dépositaires d'une inscription, n'eussent-elles pas mieux conservé l'époque de cette imposante inauguration. Au surplus l'amour-propre des directeurs de la fête devrait être un peu décontenancé, puisque, même pendant la cérémonie, les vents se sont insolemment joué de cette architecture mesquine et ridicule.

pas l'usage, mais l'agencement, que j'oserai blâmer ici ; à ces petites guirlandes beaucoup trop recherchées, à ces petites roses clair-semées sur satin blanc, on reconnaît trop la main de mesdames Mûre et Germont (1). »

« Plaisanterie à part, lui répondis-je, j'eusse préféré faire régner uniquement dans les hautes tribunes de l'édifice des cordons immenses de verdure; et plus bas j'aurais placé des vases de porcelaine et d'albâtre antique, remplis des plus belles fleurs de la France. Que signifient ces trophées de drapeaux représentés sur des planches échancrées, lorsque la réalité eût dû remplacer ces plates images? Bon Dieu! qu'eussent fait de moins les maires et adjoints d'une petite ville ou les marguilliers d'une succursale champêtre? Que signifient encore ces armoiries et ces anges en peinture qui les soutiennent, lorsque les manufactures de notre bonne ville de Lyon eussent pu fabriquer de riches tentures, et faire broder en or et en argent sur la moire et le velours ces cartouches et autres accessoires? A quoi donc nous servirait notre

(1) Fameuses marchandes de modes de Paris.

prodigieuse industrie, si son luxe n'était pas étalé dans nos fêtes ? Ces décorations qui, pendant un certain temps, auraient vivifié les ateliers de nos grandes cités, n'eussent point été éphémères, et auraient pu être conservées pour d'autres cérémonies aussi désirées que solennelles, tandis que de toutes ces dépenses très-considérables en main-d'œuvre, il n'en restera rien, presqu'exactement rien, que les dessins (1). On ne me contestera pas d'ailleurs qu'il est toujours dangereux de mettre le genre gothique en contact avec le style moderne, et qu'il faut éviter toute macédoine architecturale. L'ordre gothique ne supporte que des ornemens graves, nobles et majestueux, que des ornemens relatifs aux époques héroïques de notre histoire ; et l'artiste obligé de travailler en quelque sorte avec le génie maure ou arabe, doit nécessairement marcher avec lui, sans s'écarter de la route tracée; il doit se soumettre aveuglément à ses inspirations. Les marbres vrais et non imités, les bronzes, les tapisseries, les étoffes en laine, en soie, les crépines d'or, les

(1) Vus à la dernière exposition.

couleurs les plus tranchantes, telles que l'écarlate, le pourpre, le bleu d'azur, sont les seuls décors qui puissent s'allier avec ce genre grandiose, aussi pompeux que sévère. » D'après un contraste aussi frappant entre ce qui existait autour de nous et ce que très-certainement le bon goût aurait proscrit, nous cherchâmes d'où pouvait naître l'enthousiasme subit qu'avait produit le premier coup-d'œil; nous trouvâmes que le temple tirait infailliblement sa magnificence de la présence du monarque législateur, des princes, des princesses, de la réunion des grands de la cour, des premières autorités de l'état, et en un mot, de tout ce que la France offre de plus distingué dans les rangs divers de la société. Quelle voix humaine exprimera cette sensation qu'éprouvèrent tous les cœurs vraiment français, en voyant s'avancer dans le temple de Dieu les deux orphelins, et surtout ce nouveau Joas (1), ce précieux rejeton de

(1) Telle au milieu des nuits la féconde rosée
Fait renaître les fleurs d'une plante épuisée;
Telle, en nos cœurs flétris l'aurore du bonheur
Fait briller un sourire au sein de la douleur,

tant de rois qui, par le mouvement très-marqué de ses petits bras, témoignait la satisfaction qu'il éprouvait à la vue de cette brillante assemblée. Non, aucune expression ne peut rendre la respectueuse admiration dont on fut généralement saisi en croyant deviner les inclinations précoces du royal enfant, lorsque, pendant la cérémonie, nous vîmes le jeune Henri se montrer presqu'insensible aux objets éblouissans dont il était entouré, et jouer continuellement avec les dé-

Change les jours de deuil en des jours d'allégresse,
Les pleurs du désespoir en des transports d'ivresse ;
Il est né, ce Joas que demandaient aux cieux
Des Français réunis les soupirs et les vœux;
Il est né; vous, soldats, que chérissait son père,
Veillez sur ses destins pour consoler sa mère;
Et que sous vos lauriers, qui couvrent son berceau,
S'élève en paix ce lys échappé du tombeau;
Ce lys qui va fleurir à côté de la rose
Dont ma voix a chanté la grace à peine éclose ;
Ce lys qu'Amour prédit, espoir consolateur
Que semblait menacer le plus affreux malheur.
Qu'à jamais le bouton de cette fleur chérie
S'entr'ouvre en parfumant notre belle patrie,
Et que le peuple, heureux sous le sceptre des rois,
Bénisse les Bourbons, leurs vertus et leurs lois!

corations du mérite et de l'honneur que ses mains faibles et hardies saisissaient sur la poitrine de son aïeul. « L'heureux présage, mon cher Philoménor, dis-je aussitôt! n'est-ce point Achille dédaignant les vaines parures, les colliers, les bracelets offerts par Ulysse à sa curiosité, et décelant subitement son sexe et son mâle courage par le choix d'une épée? »

CHAPITRE XIII.

Suite du même sujet. — Description du chœur de Notre-Dame. — Etat déplorable des autres parties de cette basilique. — Continuelles mutilations qu'elle éprouve. — Ornemens mesquins. — Vœux de l'auteur pour cet édifice et les autres églises qui sont à construire et à réparer. — Obstacles qui doivent contrarier ses plans. — Il est nécessaire d'agrandir la place de la cathédrale. — Eloigner l'Hôtel-Dieu de cette enceinte. — Motifs de cette mesure. — Emplacement favorable pour cet établissement.

Nous avions vu la cathédrale avec des embellissemens de circonstance; quelques jours après, nous voulûmes la revoir, lorsqu'elle fut dégagée de ce clinquant passager, et qu'elle eut repris sa forme naturelle. Arrivés à Notre-Dame, le chœur et le sanctuaire nous parurent des morceaux achevés; seulement je remarquai que les sculptures des stalles, des chaires épiscopales et les marqueteries du pavé sacré étaient brisées (1) ou écaillées en quelques en-

(1) Ces accidens arrivent souvent au milieu des

droits, et réclamaient une dépense nécessaire. « Quelle magnificence dans les grilles, où l'or moulu se marie avec l'acier le plus poli! s'écria mon Grec. Que le groupe de Couston est imposant et parfait! Quelle majestueuse dignité dans ces monarques prosternés! Comme les tableaux sont analogues au lieu et correspondent bien avec le tout! Quelle distribution sublime dans l'édifice! Quelle hardiesse dans l'élévation des voûtes! Quel fini minutieux jusque dans les plus petits détails de ce genre gothique! Mais la nef, les ailes, les chapelles exigent une réparation réfléchie et méditée. » « Oui, repris-je en soupirant, tout se ressent ici

préparatifs que l'on fait pour les cérémonies publiques et pendant le déménagement que ces fêtes occasionent. Dans ces momens ceux que ces soins regardent s'en rapportent peut-être trop à des subalternes, et la surveillance relative à la conservation des ornemens inhérens à l'édifice devient presque nulle; pourvu que les lustres et les candélabres soient solidement fixés, pourvu que la tenture tienne et qu'elle soit drapée avec grâce, peu importe au décorateur ou au tapissier que le marteau qui assure le clou fasse sauter en l'air un fleuron, une rosace, dont la fracture rend si malheureusement incomplète la sculpture la plus belle et la plus riche.

des ravages de l'athéisme; sa main de fer, sa main dévastatrice y est encore empreinte, et son passage n'y est effacé qu'avec la plus mesquine parcimonie (1). Malgré le grand nom de certains peintres, vous conviendrez

(1) On a reblanchi cette église, lorsque le mastic de Dill était le seul enduit qui lui convînt : près de neuf ans se sont écoulés depuis la restauration, et ceux qui ont vu la cathédrale sous M. de Juigné, ont peine à la reconnaître, tant sa tenue est négligée. En vain, on y cherche les effets du bon goût, d'une propreté sévère, et ce bel ordre qui embellit les plus petits objets. Eh! que ne dirais-je pas si, bravant la crainte d'être taxé de censeur minutieux, j'entrais dans une foule de détails; ici, la plupart des tableaux sont sans encadrement, mais en revanche de petites images ou gravures en ont de bois doré. Là, telle chapelle a continuellement l'air d'un garde meuble : plus loin, tout est poudreux et flétri, et après avoir fait l'an dernier, avec le plus grand soin, jusqu'aux moindres ogives des toîtures, on ne s'aperçoit pas que le placement et le déplacement brusque de siéges entassés en pyramide contre les bas-reliefs du quatorzième siècle qui sont adossés au chœur, risquent chaque jour d'ajouter de nouvelles mutilations à celles déjà trop nombreuses du temps et de l'impiété. La loueuse de chaises, je le sais, n'est pas obligée d'être amateur des arts; mais les conservateurs de cette basilique

avec moi que des tableaux périssant de vétusté, ne sont plus à leur véritable place dans cette majestueuse métropole. Ils vous paraîtront uniquement propres à servir de modèle dans une école de peinture. Je crois encore que l'on doit sans délai, et surtout sans aucun scrupule, envoyer dans quelque succursale de village ces petits saints de plâtre (1) de dix-huit pouces de hauteur, si ridiculement guindés sur les piedestaux des autels des bas-côtés.

« Etait-ce ainsi que nos pères décoraient leurs temples, où l'or, l'argent, l'ivoire, l'ébène et les pierreries étaient employés. On va, dit-on, faire des travaux considérables à ce monument. Formons un vœu, et je désire qu'il soit entendu de tous les vrais Français du royaume. Ah ! que pour un objet aussi auguste on néglige les froids calculs d'une sordide économie. Que sous les voûtes sombres de cette antique cathédrale on reconnaisse la première

ne devraient-ils pas l'être pour elle ? et s'ils ferment les yeux, rien, à mon avis, ne peut excuser leur insouciance.

(1) Et même d'autres plus grands de la même matière, dont on décore avec tant de magnificence, St.-Sulpice, St.-Louis en l'île ; cette manie gagne partout.

basilique des Gaules ! Que la mélancolie s'y nourrisse de souvenirs touchans et de douces espérances ! Que les vitraux, dépositaires du courage des martyrs, s'y reflètent en mille couleurs sur le porphyre et l'albâtre des tombeaux héroïques rendus par un ordre royal à leurs premiers asiles. Que les plus riches marqueteries soient prodiguées dans son enceinte. Que nos marbres les plus variés recouvrent les marbres factices de ses colonnes. Que des mosaïques immortelles décorent ses murs si nus et si tristement dépouillés. Que les statues et les tableaux de nos plus grands maîtres, sagement distribués, soient toujours d'accord avec le style solennel de cette vénérable métropole. Que, trompé par ce pompeux spectacle, le voyageur surpris se croie transporté sous les dômes de Saint-Pierre de Rome. »

« Quel enthousiasme! s'écria mon Grec; toutefois je l'excuse, et même je le partage. L'amour dont vous êtes animé pour la gloire de votre pays le rend bien légitime; cependant je crains que l'indifférence apathique et routinière, la plus mortelle ennemie des arts, ne soit long-temps un obstacle insurmontable à l'exécution de plans qu'il faudrait également suivre pour l'embellissement de Sainte-Geneviève, de la Madeleine et de Notre-Dame de Lorette. Qu'y gagnerez-vous? Vos projets feront sourire de pitié nombre de gens importans qui, pourvu qu'ils aient toutes les jouissances nécessaires à leur bonheur, s'embarrassent fort peu de réformes, d'améliorations et d'embellissemens dans les lieux publics. Ont-ils le temps d'y songer? Bien rentés, bien payés, occupés de fêtes et de plaisirs, tous leurs momens sont pris. Et s'ils nous entendaient, peut-être vos patriotiques observations passeraient à leurs yeux pour des crimes, ou tout au moins pour une espèce d'usurpation sur les devoirs de leurs charges. »

On nous avait conduits au trésor, très-curieux (1) en 1814, et qui l'est beaucoup moins aujourd'hui. Après avoir contemplé les portraits des Juigné et des Dubelloy, nous étions sortis de cette auguste enceinte; nos yeux ne se lassaient point d'admirer en-

(1) On y voyait alors la chapelle en nacre, du roi de Sardaigne, qui lui a été rendue; et les insignes de Charlemagne, reportés depuis au Garde-Meuble de la couronne. On ne montre plus au trésor de Notre-Dame que les vases sacrés et les ornemens d'église.

core la façade de cette première basilique de France que nous venions de visiter avec un si grand intérêt. « Le parvis de cette cathédrale, dis-je à mon ami, est beaucoup trop petit. Ce temple étant spécialement choisi pour y célébrer toutes les cérémonies religieuses de la cour, il est essentiel pour la sûreté publique et la dignité nationale, que le local soit propre au développement d'un grand appareil civil et militaire. On sentira, un jour, je l'espère, la nécessité d'élargir cette place sur tous les sens, en transportant ailleurs l'hôpital dit l'Hôtel-Dieu, et en faisant tomber des groupes de maisons jusqu'à la rue du Marché Palu; alors ce monument aurait des accès et des dégagemens convenables. Si je vous ai parlé d'éloigner l'Hôtel-Dieu, les raisons les plus puissantes m'y ont déterminé; par des lois très-sages on a défendu la sépulture dans l'intérieur des villes. Croit-on avoir paré à tous les inconvéniens qui résultent d'exhalaisons corrompues, lorsque près de la cathédrale, au centre d'une population nombreuse, on conserve un hôpital qui serait beaucoup mieux placé, sans doute, pour les malades mêmes, s'il était transféré dans une atmosphère plus facilement renouvelée, dans un endroit isolé et surtout très-éloigné de la cité, quartier où l'on ne respire point cet air pur, cet air vital, si nécessaire pourtant aux malades et aux convalescens? » « Aussi votre Dupaty, me dit Philoménor, a-t-il écrit avec beaucoup de justesse: « L'air est pour la santé le premier des alimens, et le premier des remèdes pour la maladie (1). » Je proposerais donc de transporter l'Hôtel-Dieu, soit au-dessous de la pompe à vapeur du Gros-Caillou, soit en face du pont de l'Ecole militaire, sur ce côteau qui domine les fondemens d'un palais presqu'aussitôt détruit que commencé. Bâti sur un plan conforme à sa destination, cet hôpital, favorablement situé au dessous du cours de la Seine, relativement à Paris, jouirait abondamment des eaux du fleuve, sans que les habitans de la capitale eussent lieu de se ressentir, et conséquemment de se plaindre, de l'infection pour ainsi dire stationnaire dans les environs de pareils établissemens.

(1) *Lettres sur l'Italie*, tome 1er, page 103. Description de l'hôpital de Pise.

CHAPITRE XIV.

Le pays latin. — Lecteurs ambulans. — Les arts ont singulièrement gagné dans la classe des riches bourgeois de Paris, et même dans celle des artisans.

Nous étions entrés dans le pays latin. Un usage adopté depuis peu par quelques hommes de lettres, usage très-remarquable d'ailleurs dans d'autres quartiers de Paris, frappait Philoménor; je veux parler de la nouvelle manie de ceux que l'on appelle lecteurs ambulans. « Une des singularités de l'époque, me disait-il, et que j'observe à chaque pas, c'est de voir avec quel soin extrême certaines gens y économisent le temps, tandis qu'un petit nombre d'aimables étourdis le perdent chaque jour sans regret, et sont même fort embarrassés de son emploi. L'amour de l'étude est le vrai cachet du siècle; c'est une passion dominante qui a gagné tous les états, toutes les classes, toutes les conditions. On prendrait vos rues et vos boulevards pour les portiques d'Académus (1). » « Il n'y a point là d'exagération lui dis-je, mon cher grec : souvent on est heurté par un jeune érudit qui, les lunettes sur le nez, tient, d'un air important, un *Touquet* d'édition compacte. Quelques savantes même contribuent à propager cette mode un peu pédantesque. A peine sont-elles dans une promenade publique, que les Méditations de M. de Lamartine, le Solitaire ou l'Ipsiboë sortent du ridicule. Ces ouvrages romantiques remplacent l'éventail. Jusqu'ici le nombre de ces lectrices en plein vent était petit, il augmente chaque jour, surtout dans les allées sombres du Luxembourg et des Tuileries. A chaque coin de rue, la marchande de fleurs et de fruits, l'écaillère et le portefaix ont une brochure à la main, tandis que le jockei, prenant l'impériale d'une berline pour un pupître, y dévore le livre jaune ou le livre bleu : enfin depuis l'humble sellette où repose sous la brosse tel journal que l'artiste offre si at-

(1) Académus, citoyen d'Athènes dont la maison servit à enseigner la philosophie; il donna son nom aux trois sectes de Platon, d'Arcésilas et de Carnéade.

tentivement à la pratique, jusqu'à l'élégante calèche où le législateur se rendant à son poste, examine les bulletins distribués la veille, tout lit dans Paris.

« Non seulement la lecture, mon cher Philoménor, est devenue un plaisir indispensable pour le peuple français, j'ajouterai que le goût des beaux-arts fait le charme du plus modeste réduit. Il n'est pas rare de voir dans les ateliers telle apprentie assez versée dans la musique pour déchiffrer l'ariette nouvelle, et tel jeune artisan franchir lestement sur le violon la difficulté pour laquelle jadis on avertissait nos pères. Chose remarquable, on voit plus d'une jeune femme travailler le jour dans un magasin ou même dans un restaurant, et débiter le soir un rôle au Mont-Parnasse, à Charenton, ou figurer dans les chœurs des petits spectacles.

J'ajouterai que l'éducation des filles de nos riches artisans est souvent aussi soignée que celle des classes les plus élevées; les arts d'agrément sont si communs dans la bourgeoisie de Paris, qu'on compterait plus facilement ceux qui les négligent que ceux qui les possèdent; la raison en est simple ; quoique l'or s'apprécie beaucoup dans ce siècle, une heureuse expérience a souvent appris que les talens, ressource puissante dans l'adversité, ont fait contracter d'excellens mariages et sont quelquefois la seule dot de la beauté. »

CHAPITRE XV.

Montagne Sainte-Geneviève. — Bibliothèque. — Leçon d'un professeur du collége de France. — Etonnement du jeune Grec sur l'emploi du local. — Anecdocte prussienne. — La Sorbonne et sa restauration.

Nous avions dirigé notre course vers la Montagne-Sainte-Geneviève, pour visiter la bibliothèque très-intéressante par la collection de livres rares, de bustes, de tableaux (1) des hommes illustres dont les souvenirs semblent encourager la jeunesse à suivre la carrière qu'ils ont si glorieusement parcourue; la disposition du vaisseau nous parut très-commode pour les lecteurs en toute saison. Au sortir de la bibliothèque, je proposai au curieux Philoménor de le conduire à une leçon du collége de France pour y entendre un professeur aussi connu par la délicatesse de son goût, la finesse

(1) Entre autres un portrait charmant de Marie-Stuart.

de ses aperçus et par ses ouvrages justement estimés, que par une littérature immense sans morgue et sans pédantisme. Le jeune Grec fut satisfait de la leçon du professeur; il eût bien voulu lui faire quelques observations sur certains principes qui n'étaient pas tout-à-fait d'accord avec les siens; sa modestie l'en empêcha; il se contenta, en sortant, de critiquer à juste titre la petitesse de l'établissement. « Quoi! disait-il, voilà donc le sanctuaire où se développent les derniers préceptes de perfection que les Muses donnent à leurs nourrissons!

« Vous aviez une salle décorée de colonnes et de festons; quelle bizarrerie! comment l'a-t-on défigurée par des échafaudages et des amphithéâtres du plus mauvais genre? n'est-il pas singulier que pour y parvenir, on soit obligé de traverser des vestibules qui, sous le bon plaisir de je ne sais quelle autorité, sont devenus des remises? Si le péristyle d'un des principaux temples des lettres et des sciences sert maintenant à cet usage, comme tout vient avec le temps, il ne faut pas désespérer de voir bientôt s'y établir une écurie, et alors on serait tenté d'inscrire comme en Prusse sur le fronton, lorsque le même abus se fut introduit près de son musée : « *Musis, Mulisque templum.* » « Contenez votre indignation, lui dis-je; indiquer de pareilles inconvenances, c'est les faire disparaître. La Sorbonne, ajoutai-je, dont cent auteurs vous ont parlé, va bientôt sortir de ses ruines déplorables et devenir le premier foyer de l'instruction publique.

« Déjà plusieurs salles sont préparées pour différens exercices, et principalement celle que l'on destine à la distribution des prix accordés aux jeunes élèves de l'université; de nombreux amphithéâtres, commodes et bien drapés, la rendent très-propre à cet usage. On a tout fait pour piquer l'émulation, et pour inspirer l'amour et le désir de cette gloire solide et raisonnable que donne la culture et l'étude approfondie des connaissances humaines. Des peintres habiles ont payé un juste tribut aux protecteurs des arts, des sciences et des lettres; en traçant sur les panneaux de la voûte quelques traits les plus saillans de leur histoire, ils ont acquitté la dette de la patrie reconnaissante, et généralement du monde savant. Ces mêmes artistes nous ont offert sur les lambris les portraits fort ressemblans de ces hommes immortels, qui, dans tous les siècles et dans tous les pays policés, ont fait naître ou répandu les lumières de la civilisation par leurs découvertes et leurs écrits. Dans cette enceinte se trouve la meilleure compagnie; on s'y rencontre tour à tour avec Homère et Platon, Démosthènes et Archimède, Molière et Buffon, Racine et Descartes, Mallebranche et Bossuet, Fénélon et Leibnitz, Delille et Lavoisier, et beaucoup d'autres de cette trempe; mais y conservera-t-on ces statues si mal faites, d'une substance si frêle et si peu digne de figurer dans le muséum central de toutes les académies du royaume? Je ne le crois pas: le caractère du Grand-Maître, et son goût exquis m'en sont garans; qui connaît mieux que sa Grandeur la nature du vrai beau et la mesure des convenances? Malgré quelques traces de mauvais goût, l'architecte, comme vous le voyez, a suspendu sur les façades extérieures de l'édifice quelques guirlandes d'une grâce exquise, et lui a imprimé des formes graves qui, dans ses cours silencieuses, inspirent le recueillement et un respect involontaire. »

CHAPITRE XVI.

La Sainte-Chapelle. — Le Palais. — Incohérence de ses différentes parties. — Cheminées, tuyaux. — Procédé anglais pour absorber et utiliser la vapeur des poêles. — Embellissemens possibles pour le tribunal suprême. — Terre-plein du Pont-Neuf. — Echafaudage monstrueux près d'un des plus beaux monumens de Paris. — Chambre de cassation. — Statue de d'Aguesseau de l'Hôpital. — Monument Malesherbes. — Galeries du Palais telles qu'elles sont et telles qu'elles devraient être.

En quittant le faubourg Saint-Jacques nous aperçûmes le sommet des aiguilles de la Sainte-Chapelle, si célèbre dans l'histoire de nos rois, pour son architecture pittoresque, et depuis par le chef-d'œuvre de Boileau. Pendant un temps, on avait eu le projet de la rétablir et de l'ouvrir au public. Nous osons croire que la restauration (1) d'un monument si important ne sera point toujours indéfinitivement ajour-

(1) On y fait dans ce moment quelques réparations.

née. Cependant après une marche rapide, nous étions entrés dans l'île de la Cité.

« A travers cette grille magnifique et quelques chétives baraques souvent couvertes de lambeaux, vous entrevoyez, mon cher Philoménor, dis-je à mon Grec, l'antique palais de la première magistrature française, gothique séjour de nos rois, où, soit au dehors, soit au dedans, tout est aussi incohérent, aussi baroque, aussi étrangement contradictoire que les codes divers qui jadis régissaient nos provinces. Mais comment se fait-il que le plus bel ouvrage de serrurerie française n'ait pas été remis à neuf depuis la restauration? Probablement les armes de France, sculptées sur un globe d'azur, et les fleurs de lys qui décoraient cette superbe grille (1), n'ont point été détruites; pourquoi ne pas les y replacer? » « Par contre-coup, reprit Philoménor, que ne fait-on

(1) Cette grille n'a pas même l'entretien le plus ordinaire, et ressemblera bientôt aux clôtures en fer du Jardin des plantes et de quelques autres endroits publics, que la rouille mine et dévore faute d'une couche de peinture que l'on prodigue ailleurs avec si peu de convenance.

disparaître ces cheminées inégales (1) et surtout ces tuyaux qui, élancés, pliés, recourbés en cent façons, couvrent les toits de ce palais et de mille autres édifices? Inexplicable absurdité! on regratte, on reblanchit certains monumens, et la vapeur des poêles noircit dans un hiver les travaux de la campagne précédente. Il serait plus sage de profiter du moyen connu par lequel on dirige et conduit cette même vapeur dans les souterrains; ferait mieux encore, en adoptant un procédé avantageusement connu et pratiqué en Angleterre dans plusieurs établissemens, où la fumée refoulée sur elle-même est contrainte de se consumer dans le foyer dont elle est sortie : là tout est profit et sans aucun inconvénient. Du côté de la place de la Cité, la façade du temple de la justice nous parut trop simple dans ses ornemens, et contraster désagréablement avec son perron majestueux.

« Point de bas-reliefs (2), point d'inscrip-

(1) Marmontel a fait cette censure avant moi dans la description d'un palais, où, dit-il, « l'irrégularité choquante des cheminées gothiques se perd dans le couronnement. » (*L'heureux divorce*, Contes moraux.)

(2) Car je ne puis faire entrer en ligne de compte

tion (1): il faut deviner quel est ce monument. Le premier sanctuaire des lois doit avoir des emblêmes dignes de lui. On pourrait rendre supportable, que dis-je? admirable, l'entrée qui fait face au Pont-Neuf; le moyen le plus simple serait d'agrandir la cour du côté de la Seine, et de rendre cette enceinte plus régulière en achetant quelques vieilles maisons pour les démolir. Je n'ai pas besoin d'ajouter qu'il serait indispensable de transporter ailleurs ce corps-de-garde en planche construit presque au pied de la fontaine de Desaix, et qui défigure si horriblement la place Dauphine; alors, les plaideurs, lassés de tant de courses souvent infructueuses dans la salle des Pas-Perdus, se consoleraient sans doute, en contemplant dans un paysage aérien l'image de ce bon roi, pour

deux génies qui soutiennent les armes de France.

(1) A ce sujet, on peut faire une observation très-vraie, et qui devrait être l'objet d'une utile réforme; un coup de pinceau presqu'inaperçu indique le palais de l'Institut et de la Chambre des Pairs; tandis que l'enseigne du moindre marchand est en lettres de cuivre doré; et cependant, où serait-il raisonnable de placer le luxe et la magnificence?

qui la droiture et l'inflexible équité étaient des vertus aussi chères à son cœur que l'amour de ses peuples.

« On devait exécuter en pierre de liais un arc de triomphe construit en bois à l'époque de l'inauguration de la statue; par bonheur, cette conception bizarre qui eût gâté un des plus beaux sites de l'univers, n'a point été réalisée. Mais puisqu'alors on avait des fonds de reste en caisse pour une construction aussi dispendieuse, n'est-il pas étonnant qu'on n'ait pas eu depuis de plus heureuses inspirations? Pourquoi n'a-t-on pas érigé aux quatre coins du monument, des faisceaux d'armes, sur ces pierres destinées à recevoir dans les réjouissances publiques des ifs de lumière, pierres qui, par leur saillie permanente, risquent chaque jour d'occasioner la chute des curieux, tout occupés d'examiner, dans les moindres détails, un des morceaux les plus remarquables de la sculpture moderne (1). »

(1) On s'étonne encore à juste titre, que le sol du terre-plein ne soit pas plus solidement uni et qu'il n'ait pas été métamorphosé en un jardin fermé. Combien n'est pas encore insignifiante cette seconde balustrade

« Mais quoi! reprit le jeune Grec, on a tout fait d'abord pour dégager la place où les Français ont élevé la statue d'Henri IV. Un poste militaire a même été détruit; quel mauvais génie a pu donner l'idée d'y placer, en entaillant le parapet, l'immense échafaudage d'un escalier en bois conduisant à des bains? Quelles raisons a-t-on présentées pour ne pas isoler entièrement cette presqu'île? Comment parmi les membres du corps municipal, où l'on remarque tant d'hommes de mérite et de bon goût, ne s'est-il pas élevé une seule voix pour réclamer contre cette construction barbare? On devrait bien revenir sur une pareille concession, et déplacer cette masse informe qui cache une partie de la frise. » « Je voudrais, répliquai-je, que votre

à hauteur d'appui si pauvrement dessinée, et qui d'abord était si peu propre à garantir des enfans vifs et pétulans, qu'on s'est vu forcé aussitôt de garnir cet espèce de balcon d'un treillis en fil de fer parfaitement semblable à ceux que les plus modestes propriétaires font mettre aux croisées basses des rez-de-chaussée! Enfin, comment n'a-t-on pas substitué deux pavillons égaux et plus décens à cette petite guérite et à cette loge pitoyable, puisqu'on les croit nécessaires?

observation fût connue. Sa justesse serait appréciée. Mais rentrons dans l'intérieur du palais; que de nombreuses censures j'aurais à faire ! Il faudrait ici réparer des plafonds; là prolonger certaines salles; ailleurs ménager d'autres entrées; plus loin élaguer de mesquins embellissemens et en créer de plus adaptés au local; partout ne serait-il pas nécessaire de déployer dans ce palais la magnificence nationale, et d'inspirer par la grandeur des décors une vénération religieuse pour l'autorité suprême qui y rend ses oracles; telles sont mes vues, je les crois saines. Pour me borner, je ne vous parlerai que du tribunal de la cour de cassation dont le mobilier est d'ailleurs très-convenable.

« Il est triste de ne pénétrer que par des pièces irrégulières dans une salle beaucoup trop basse ; en vain on y chercherait ces voûtes retentissantes si favorables à la voix de l'orateur; à peine, quelquefois, voyez-vous les juges; le siége même du président est si peu élevé, qu'il est presque de niveau avec le parquet.

« Je vais répéter ici les critiques faites déjà au Corps législatif et à la Sorbonne. On n'y voit que des d'Aguesseau et des l'Hôpital de plâtre. Les images de ces grands hommes devraient bien y être faites d'une matière aussi précieuse et aussi durable que leurs actions et leurs écrits. D'ailleurs, le gouvernement en a donné l'exemple dans le monument (1) érigé au plus vertueux des Français, et au sujet le plus dévoué, l'immortel Malesherbes. » « Je suis bien de votre avis, reprit Philoménor ; mais vous me permettrez de froisser quelques intérêts particuliers ; je les respecterais, si dans mon opinion ils ne devaient pas céder à un intérêt plus majeur, celui de la chose publique. En traversant ces longues galeries, je vous demanderai quels rapports existent entre ces nombreux artisans et les ministres de la justice?

« Quoi! dans ce lieu même, où d'après Molière et Boileau, je ne croyais sentir que le doux parfum des épices, l'air est infecté par les odeurs les plus désagréables. Croyez-moi; il n'est plus permis de transiger avec de pareils abus; hésiterait-on à expulser ces ateliers et ces magasins si dégoûtans, si ridi-

(1) Salle des Pas-Perdus ou grande salle du palais.

cules et si déplacés? Assez d'autres asiles leur sont ouverts soit dans les environs où dans les autres quartiers de Paris; il n'existe aucune raison solide pour les y conserver. Détruisez donc des usages introduits par la barbarie, tolérés par le mauvais goût et consacrés par la cupidité. Réparez les fautes des siècles passés, et les ravages d'une révolution dont l'audacieuse folie osa, m'a-t-on assuré, briser ici ou livrer aux flammes les images de vos plus illustres ancêtres. Que ces nombreux artisans, que ces marchands de colifichets et de jouets d'enfans disparaissent ensemble, et que je puisse revoir à leur place les statues et les portraits de ces sages législateurs, de ces magistrats intègres, de ces orateurs éloquens dont la gloire immortalisa votre patrie, et dont les doctes ouvrages contribuent si puissamment à mon bonheur. »

CHAPITRE XVII.

Fête publique.

C'était la veille d'une des fêtes les plus solennelles de France : nous avions parcouru les différens quartiers de la capitale, et pris part à la joie universelle. Les spectacles gratis du matin, les jeux de toute espèce de la journée, les chanteurs des ponts, les baladins des carrefours, les mâts de cocagne, les orchestres et les danses en plein air, enfin l'immense population qui se pressait, s'étouffait dans les carrés et les avenues des Champs-Elysées avaient successivement fixé l'attention de mon curieux observateur. Arrivés à temps pour la distribution des comestibles, Philoménor s'était singulièrement diverti en voyant cette pluie de cervelas, de poulets rôtis, de pâtisseries, de sucreries de toute espèce, volant au-dessus de nos têtes, tombant pour ainsi dire des nues presqu'à nos pieds, au milieu d'une jeunesse bruyante et tumultueuse qui ramassait et se disputait, avec la plus franche gaîté, tous ces dons de la munificence nationale. Après avoir assez long-temps considéré la patience et l'opiniâtreté de ces hommes robustes qui, grouppés et montés les uns sur les autres, s'efforcent d'approcher leurs camarades les plus entreprenans des fontaines d'abondance, pour y remplir quelques cruches de ce vin empourpré, qu'ils se partagent et boivent ordinairement ensemble, Philoménor me dit: « Il est des instans où les visages barbouillés de lie de ces nombreux rivaux, leurs gestes, leurs attitudes, leurs propos, leurs apostrophes, leurs défis, leurs exclamations et leur rire immodéré me causent la plus singulière des illusions: je me figure voir Thespis et sa troupe joyeuse; oui, mon ami, je crois assister à la naissance de la comédie grecque sur quelque place d'Athènes. Toutefois, j'aurais désiré qu'en faisant leurs libations, ces braves gens se fussent contenté de s'inonder réciproquement d'une liqueur si chèrement conquise, comme cela arrive souvent à ma très-grande satisfaction. Cette espiéglerie est sans aucuns résultats fâcheux; mais ne pourrait-on point les faire consentir à se ménager davantage dans les assauts qu'ils livrent à leurs adversaires. Pour moi, j'exigerais qu'on leur défendît expressément de lutter à coups de poings et à coups de brocs. Que la police prenne une mesure aussi sage, et ces malheureux ne sortiront plus de cette espèce de combats, quelquefois très-gravement blessés et presque toujours meurtris et sanglans. Autrement, je vous l'avoue, ces bacchanales populaires doivent inspirer aux cœurs humains et sensibles plus de dégoût que de plaisir.

« Je remarque encore, ajoutait-il, un très-grand inconvénient dans le partage des prodigalités de votre gouvernement, où tous ceux qui sont privés d'une honnête aisance me semblent devoir participer ; et malheureusement, je m'en suis aperçu, le maladroit et le faible sont écartés par la foule et n'obtiennent rien : tout est saisi, tout est enlevé par le plus actif et le plus fort. » « Rassurez-vous, mon cher ami, repris-je aussitôt : cette inégalité du sort est en partie compensée ; ces dons d'apparat ne sont que le luxe d'une libéralité toute française. Ailleurs des secours publics ou secrets ont été abondamment accordés à tous les misérables dans les différens arrondissemens de cette grande cité. On peut le dire hardiment, car le fait est parfaitement exact. Il n'y a pas un indigent dans Paris, pourvu qu'il soit connu des autorités, qui, à pareil jour n'ait véritablement cessé de l'être.

« Cependant il se fait tard; pressons-nous de dîner dans les environs des Tuileries, ensuite nous verrons ce soir un superbe feu d'artifice, précédé d'un concert où doivent figurer les plus célèbres artistes de l'Europe. Vous sentirez, j'en suis sur, votre noble cœur s'élever, se transporter aux refrains héroïques de notre Chant français. Vous serez encore charmé d'entendre des fanfares, des symphonies militaires exécutées sous les croisées du château par les légions parisiennes, et les troupes de la garnison, dont les différentes musiques se succéderont pendant une partie de la nuit. »

Jamais soirée n'avait été plus belle ; jamais un ciel étoilé n'avait été plus pur et plus calme. La douceur de la température nous invitait à jouir de tant de plaisirs réunis, et nous descendîmes dans ce jardin où l'odeur suave des orangers, et de mille autres fleurs parfumait l'air, tandis que les oreilles étaient enchantées par les plus ravissants accords, et les yeux éblouis par la plus brillante illumination.

Une autre cérémonie devait avoir lieu le jour suivant, et nous promîmes de nous y trouver ensemble.

CHAPITRE VIII.

Inauguration de la statue de Louis-le-Grand (1) sur la place des Victoires. — Description de la cérémonie. — Pièce de vers.

Un vieillard centenaire, contemporain de Louis XIV, assistant à l'inauguration de sa statue, et versant des larmes de joie et de bonheur en revoyant les augustes traits d'un monarque auquel il avait eu le privilége de

(1) Ce roi le fut en tout. Cependant les historiens, les biographes, les auteurs de mémoires ont laissé dans les esprits beaucoup d'incertitude sur la taille de ce monarque; des discussions assez vives s'élèvent même quelquefois dans la société à ce sujet, parmi des personnes que leur naissance et leur âge auraient dû mettre à portée de conserver sur ce point des traditions précises. Les uns le font petit, d'autre grand, ceux-ci d'une taille moyenne; M. l'abbé Lafont d'Aussonne a fait un ouvrage intéressant par ses recherches sur ce fait si contesté; mais, le docteur Guy-Patin, auteur très-véridique, a fixé tous les doutes; appelé auprès de Louis XIV pour donner une consultation,

survivre, ce vieillard, ce débris vivant du grand siècle, nous parut un des plus beaux ornemens de la fête. Le discours de M. le préfet, où respirait l'éloquence du cœur, celle d'un vrai Français, y avait ajouté un nouveau lustre. « Je regrette cependant, dis-je à Philoménor, qu'on n'ait pas suivi le même programme qu'à la consécration du monument élevé au bon Henri. On y mit beaucoup plus de pompe, on y déploya plus de magnificence ; le roi y présida ; les princes, les princesses, toute la cour, les grands dignitaires et les autorités de Paris assistèrent à cette cérémonie. La garnison de la banlieue défila devant celui

Qui fut de ses sujets le vainqueur et le père,

au bruit de salves continuelles, et d'une musique non interrompue qui électrisait toutes les âmes. Je sais que de pareils honneurs ont été rendus à l'image de Louis, sur la place des

lorsqu'en 1558 sa majesté tomba malade à Calais, il écrivit :

« Le roi est un prince bien fait, *grand* et fort, qui « n'a pas encore vingt ans. » *Lettres choisies de Guy-Patin*, page 229, lettre 71 ; édition de 1685.

Victoires. Mais on y a vu trop peu de troupes ; le cortége n'était pas assez nombreux, et par là même assez imposant. » « On simplifie trop, répliqua Philoménor, la grandeur nationale, à des époques où il faut frapper la multitude et l'éblouir d'un grand éclat. On ne se souvient pas assez qu'il faut non-seulement parler à l'âme, mais encore plus aux sens. Quel effet produisaient ces planches échancrées, et ressemblant aux enseignes de l'Auvergnat et des Indiens des boulevards ? » « Votre comparaison est parfaitement juste, repris-je. Pourquoi ne s'est-on pas souvenu que nous avons au musée d'artillerie des trophées d'armes exécutés sous le règne du grand roi, et qu'il était si facile de transporter momentanément autour du piédestal le jour de la cérémonie? je dis momentanément, car, selon moi, quatre phares de bronze allumés chaque soir, et supportés par les emblêmes de la guerre et des arts, devraient remplacer les nations enchaînées que l'on y voyait autrefois, et qui ornent aujourd'hui la façade des Invalides. » « Elles étaient encore bien ridicules, ajouta mon Grec en m'interrompant, ces toiles bleuâtres dont on cherchait à couvrir la statue, et que tant de mains impuissantes tâchaient de soutenir avec de faibles gaules si subitement brisées quelques instans avant l'ouverture de la fête. M. l'ordonnateur a-t-il oublié, dans ce siècle de lumières, les plus simples lois de la mécanique? Qui empêchait de placer aux quatre coins de la place, dans les croisées les plus élevées, des poulies, et d'y faire glisser des fils de fer solides, qui se seraient rattachés à une magnifique couverture jetée sur le monument. Sans l'appareil dégoûtant des échelles et d'ouvriers à demi vêtus, avec ce moyen peu dispendieux, on eût, au premier signal, soulevé le voile, qui, en se repliant majestueusement dans les airs, aurait formé un dais en draperie sur la tête de l'homme immortel. »

Nous restâmes quelque temps devant ce héros, qui, sur son cheval belliqueux, semblait s'élancer dans la carrière de la gloire.

Saisi comme malgré moi d'une inspiration subite, je paraphrasai ainsi un quatrain composé sur l'érection de cette statue par le célèbre Bilecocq, bâtonnier des avocats de Paris.

Sta, Lodoix, nec enim nova te certamina poscunt;
Sanguine sat crevit Gallorum laurus; olivæ
Prætendit ramum populis felicior hæres;
Sta, Lodoix, cessare potes: Mars ipse quiescit.

Arrête! ô grand Louis, ton superbe coursier;
Nul rival ne t'appelle aux champs de la victoire;
Tu l'as dit, trop de sang fit croître ton laurier. (1)
Oh! plus heureux ton fils! cet auguste héritier
Des bons rois qu'à chantés la muse de l'histoire,
Offre au peuple qu'il aime un rameau d'olivier.
Repose, tu le peux, au temple de mémoire :
Quand Mars éteint sa foudre, il repose avec gloire.

(1) « J'ai trop aimé la guerre. »
Paroles mémorables de Louis XIV mourant.

CHAPITRE XIX.

De l'ancienne salle de l'Opéra. — Translation des acteurs au théâtre Favart. — Nécessité sentie d'une salle provisoire. — La salle de la rue Richelieu ne doit pas être regrettée. — Quel emploi convenable on eût pu faire de cet édifice. — Quelques mots sur Monseigneur le duc de Berri. — Anecdoctes et rapprochemens singuliers. — De la nouvelle salle. — Censure piquante et naïve d'un homme du peuple. — Mot heureux d'un littérateur très-connu. — Pourquoi l'on a choisi et préféré l'hôtel Choiseul pour y mettre l'Opéra. — Facilité de mieux placer ce théâtre. — A quel édifice de Paris ressemble la façade de la nouvelle Académie de musique. — Façade latérale de la rue Pinon. — Quelques abus détruits, d'autres conservés. — Intérieur de la salle. — Usage accidentel des cinquièmes loges. — Grandes loges. — Parterre très-commode. — Lustre magnifique. — Foyer.

Pour faire diversion aux mercuriales continuelles de Philoménor, je lui proposai d'aller à l'Opéra. « On y joue, lui dis-je, une pièce très-intéressante, qui, sans avoir le merveilleux d'*Aladin*, aura pour vous un mérite plus direct. La scène est dans votre ancienne patrie; vous verrez Périclès et Aspasie et le ballet de *Clary*. Il n'est pas tard; nous aurons le temps de jeter un coup-d'œil sur l'ancienne salle de la rue Richelieu, maintenant abandonnée. Depuis la fermeture de ce théâtre et la translation des acteurs à Favart, nous n'avons eu pendant quelque temps un Opéra qu'en miniature; les chanteurs et les cantatrices accoutumés à développer leur voix dans un local plus vaste, étaient entièrement désorientés; les danseurs surtout s'y trouvaient beaucoup trop à l'étroit pour y exécuter, dans les ballets, les figures variées de la chorégraphie. Dans la crainte assez fondée de laisser perdre d'heureuses traditions, on se décida à bâtir une salle provisoire dont on dut hâter l'exécution. Sans cette impérieuse nécessité, il eût mieux valu sans doute sacrifier de suite quelques centaines de mille francs de plus, et reculer de quelques années ses jouissances, pour en avoir de plus réelles.» « La façade de l'ancien opéra, me dit le jeune Grec, n'avait rien qui annonçât le pays des prestiges, et sous aucun rapport cette masse ou carrière de pierres ne peut être regrettée. Que fera-t-on des bâtimens de l'ancien Opéra, ajouta-t-il? Définitivement, détruira-t-on cet édifice? comme l'avait jadis conseillé un brave militaire, inspiré par le désespoir et l'indignation. Suivra-t-on l'exemple de Charles IX, qui, conseillé par Catherine de Médicis, fit abattre le château des Tournelles, parce-qu'Henri II, son père, avait perdu la vie dans un tournois sous les murs de ce palais?» « Je ne l'ignore point, lui répondis-je, une loi récente a décidé positivement que ce spectacle serait rasé et deviendrait une place publique; ne puis-je cependant, avec le respect dû aux ordonnances émanées de l'autorité royale, ne puis-je représenter que cette disposition législative est trop peu d'accord avec cet esprit conservateur qui fut le caractère distinctif de l'auguste victime?

« Léguons plutôt à la postérité la plus reculée le souvenir du prince que la nation pleure et regrette, par un établissement qui rappelle ses goûts les plus chéris; la France applaudirait sans doute à la création d'un monument nouveau pour elle, qui compléterait dans l'ancienne Académie des arts une collection très-imparfaite dans la plupart des lieux publics. Que le temple des muses devienne en quelque sorte un Panthéon où seront uniquement rassemblés les portraits et les statues des hommes et des femmes les plus célèbres dans les lettres, la peinture et la musique; qu'au milieu de cette biographie animée, la sculpture consacre les traits de cet excellent prince, de cet infortuné duc de Berry, qui, même après son funeste trépas (1), semblerait encourager encore les arts qu'il aima, qu'il se plut à cultiver et qu'il honorait d'une protection spéciale et signalée. »

« Je le sais, reprit Philoménor, ce prince

(1) On a fait une remarque singulière: le jour où l'on descendait ce prince protecteur des arts dans le caveaux de Saint-Denis, un des vases de porphyre placé sur un des pilastres du grand escalier des Tuileries, se détacha subitement, tomba avec un fracas épouvantable, et, en roulant, brisa les degrés qu'il couvrit de débris et de ruines. Ce vase n'a point été remplacé; et le jour de la naissance de S. A. R. Monseigneur le duc de Bordeaux, on a découvert des eaux thermales à Château-Chinon, les commencemens d'un établissement romain, une très-belle salle revêtue de marbre et trois réservoirs d'où l'eau jaillit en abondance.

écrivait avec une grâce admirable, était adroit dans beaucoup d'exercices, jouait de plusieurs instrumens et peignait la miniature.»

Le temps s'était écoulé rapidement ; le sujet de notre conversation en avait abrégé les instants. « L'emplacement de votre opéra provisoire, est-il mieux choisi, me demanda le jeune Grec? L'architecte aurait-il corrigé les défauts si généralement critiqués, m'a-t-on dit, dans l'ancienne salle? » « Non, lui dis-je, pas entièment : le local est tout aussi mal choisi ; et pour ne rien vous déguiser, on avait toutes les facilités de faire beaucoup mieux ; d'abord un édifice semblable, bâti exprès, doit être reconnu au premier coup d'œil, à la seule disposition convenable des différentes parties qui le composent ; la façade de ce théâtre a beaucoup de rapports avec celle d'un restaurateur de la place du Chatelet, dont l'enseigne est *au Veau qui tette*. Toutefois, il faut rendre justice à qui de droit, l'entrepreneur a fait placer huit muses au-dessus de la corniche ; mais, hélas! comme l'a dit un homme de beaucoup d'esprit : « *Sur neuf, il n'en manque qu'une, celle qui préside à l'archi-*

tecture. Malheureusement encore, l'étranger qui veut se rendre à pied à l'Opéra, doit longtemps chercher ce monument, prendre des informations pour le découvrir, même dans les deux rues où se trouvent les entrées, qui de loin se confondent avec celles des hôtels voisins (1). Il faut être tout près pour s'apercevoir de l'existence de ce spectacle.

« Un grand appentis, néanmoins très-utile, défigure beaucoup la façade principale, qui donne sur la rue Pelletier, lorsque dédaignant les répugnances, les préventions et les sots préjugés de certains artistes, on était à même de la tourner sur une place ménagée du côté des boulevards ; d'ailleurs si l'achat de quelques maisons eût été trop dispendieux, qui empêchait d'élever l'Opéra sur le terrain de l'hôtel *Grange-Batelière*, dont le péristyle

(1) Ce qui rend très-vraisemblable ce mot si naïf : un commissionnaire des boulevards, interrogé par un Anglais qui demandait où était le nouvel Opéra, lui répondit : « Tout droit, monsieur, la troisième porte cochère à droite » Aussi M. Alexandre de la Borde s'est-il judicieusement plaint qu'on ait dépensé près de quatre millions pour un édifice de pans de bois et de moellons rencoigné dans une rue étroite et sans saillie.

dégagé par une esplanade, eût formé le plus beau point de vue pour la rue Richelieu? et si j'en crois un architecte, l'acquisition du sol n'eût rien coûté, puisqu'il appartient au gouvernement.

« Des jardins, qui se prolongent jusqu'à la rue de Provence, eussent facilité presque sans frais, dans certaines occasions, des illusions naturelles qui ne sont que factices et souvent impuissantes sur la nouvelle scène. On répond à cela par de plus solides raisons. Qu'importe? l'administration n'a-t-elle pas un hôtel magnifique? Eût-elle été aussi bien logée que dans les splendides appartemens de son excellence monseigneur le duc de Choiseul? Certainement cette considération doit paraître très-importante pour le public. Mais revenons, mon cher ami, à la salle de la rue Pelletier; en tournant par la rue Pinon, sa façade latérale aurait bien dû être traitée avec un peu plus de soin par l'entrepreneur; les croisées ouvertes de ce côté, petites et grandes, saillantes et bouchées, hautes et basses, arrondies et carrées, avec ou sans balcons, ne feraient elles pas croire que l'architecte, pour parler en style de maçon, a voulu faire de la musique (1), et écrire à sa manière une partition d'opéra ? »

« O Perrault ! ô Mansard ! vous n'étiez pas si savans, s'écriait Philoménor en riant aux éclats. » « Quant à l'intérieur du théâtre, repris-je, on a supprimé quelques abus. Ainsi les spectateurs ne courent plus aucun danger pour obtenir des billets d'entrée les jours de représentations extraordinaires ; on n'y est plus culbuté, comme dans la vieille salle ; on n'y est plus exposé à être blessé par les gendarmes, volé par les filous (2), ou écrasé dans la presse, en voulant franchir et emporter comme d'assaut ces barrières en zig-zag, si dérisoirement opposées encore à la curiosité du public. Mais malheureusement, lorsqu'on a passé le premier étage, les escaliers sont étroits et obscurs. On ne peut ex-

(1) Voyez l'explication de ce mot; *Maison rustique*, ancienne édition.

(2) Ceci n'est pas sans exception ; à la seule représentation au bénéfice de Lays, soixante-treize vols ont été commis. Un dentiste, M.*** à qui l'on avait escamoté une montre du fameux Breguet, estimée 2000 francs, étant venu faire sa déclaration, le papier timbré manquait ce soir-là au bureau de la police.

pliquer pourquoi celui de l'Odéon n'a pas servi de modèle. Est-on entré dans la salle proprement dite, la forme en est élégante et gracieuse; les peintures de la voûte sont bien exécutées: car il faut rendre justice à qui le mérite; et le plus beau lustre qui ait jamais éclairé une salle de spectacle, y produit un effet surprenant; des colonnes cannelées y soutiennent l'édifice; mais on a proscrit ces colonnes creuses que tout homme de bon goût critiquait si justement au théâtre de la rue Richelieu; et qui, percées comme les cases d'un colombier, étaient devenues l'asile de tant de sensibles tourterelles.

« On n'a pas cette fois écouté les conseils d'un sordide intérêt, mais ceux d'un goût pur et éclairé. Cependant, faut-il le dire? n'est-il pas scandaleux que ces cases étroites aient été remplacées l'hiver dernier à l'Opéra provisoire par les cinquièmes loges, où, le bouton mis une fois dans la serrure, personne ne pouvait plus entrer. Ignore-t-on que les jours de bal ces loges ont eu le même emploi que les boudoirs du numéro 113, au Palais-Royal.

« Dans les autres loges du pourtour de la

salle, ceux qui sont placés aux derniers rangs, se plaignent de voir et d'entendre mal. Il n'en est pas de même du parterre où les banquettes sont mieux étagées que dans les autres spectacles de la capitale : le foyer, très-vaste, mais trop étroit, où se remarquent sur glace des pendules d'un nouveau genre (1), serait très-beau si des peintures étaient exécutées sur les lambris ou du moins au plafond, si des bustes et des vases étaient placés sur les piédestaux qui les attendent et les attendront peut-être encore long-temps. »

(1) Le secret en appartient à son auteur M. Pegaud.

CHAPITRE XX.

La salle d'Opéra provisoire rend indispensable un théâtre solide et durable. — La France est lasse de colifichets. — Quelles sont les raisons de ce dégoût? — Colysée antique. — Les obstacles à l'érection d'un opéra permanent doivent être nuls. — Singularité. — Projets. — Panoramas de la scène perfectionnés. — Vaucansons modernes. — Moyen d'assainir la salle. — Illusions en tout genre. — Théâtre de Bologne, de Milan, de Parme. — Il est à craindre que le provisoire ne soit incommutable. — Concours, non des élèves architectes, mais des artistes maîtres pour une salle définitive.

« La description assez détaillée que je vous fais de cette salle, mon cher ami, et la juste critique que je me permets d'exercer sur le fond et les accessoires ont bien dû vous faire pressentir que ce ne sont plus des salles de spectacles élevées en six semaines, et même dans une année, qu'il faut à la France; encore moins des théâtres composés de quelques planches peintes, vernies et dorées, et uniquement embellies par des colonnes de bois et des statues de plâtre à peine supportables dans un théâtre provisoire. Nous sommes blasés sur tous ces fragiles colifichets. Après avoir contemplé les Colysées (1), les Arènes antiques et les théâtres plus modernes de l'Italie, nous soupirons après des monumens qui leur ressemblent, et qui même fassent oublier leur richesse et leur célébrité. Quel vrai français refuserait dans un budget les sommes nécessaires? Voudrait-on, comme je l'ai entendu, opposer l'intérêt de quelques villes départementales? Paris n'est-il pas la véritable patrie de tous les amis des arts? Cette métropole de la France n'est-elle pas le centre commun où doit briller plus qu'ailleurs la puissance du monarque et de la grande nation qu'il représente?

« Singularité frappante! nous possédons des chefs-d'œuvre dramatiques supérieurs en tout genre aux productions immortelles de l'antiquité et même des temps modernes, et nous n'avons pas un seul théâtre, qui, pour sa solidité, son étendue, sa magnificence réelle,

(1) Le Colysée était un théâtre de Rome, bâti sous Vespasien.

souffre la comparaison avec ceux de Rome, de Corinthe et d'Athènes (1). On reste confondu d'étonnement, quand on réfléchit aux faibles moyens de ces deux dernières villes, comparées à la puissance colossale de notre belle France. »

« Je conviens avec vous, reprit Philoménor, qu'un théâtre durable devient absolument nécessaire à Paris; il faudra donc l'élever sur une grande place susceptible de tous les dégagemens possibles. D'élégans portiques, ornés de colonnes, devront en entourer les vastes perrons. Ces portiques seront disposés de manière que les voitures puissent, sans embarras, entrer sous leurs voûtes spacieuses; circuler et sortir, après avoir déposé à l'abri de toutes les injures du temps les personnes qu'elles auront conduites à ce spectacle.

« Au dedans, la profondeur de la scène facilitera les moyens d'y appliquer les nouvelles découvertes de l'optique, et d'y créer au besoin des panoramas plus parfaits, d'où seraient éloignés ces cygnes, ces chameaux, ces ber-

(1) Voyez Rollin, et le *Voyage du jeune Anacharsis* de l'immortel Bartelemy.

geries de carton, grossières impostures de l'art, véritables jouets de grands enfans, et qui sont cependant les créations merveilleuses de certains Vaucanson (1) du siècle. On sait assez que dans l'état actuel des choses à l'Opéra, la plus mauvaise lorgnette détruit cet enchantement puéril. Il sera facile de suppléer à la faiblesse de pareils moyens. Il suffit de faire travailler à l'Opéra les mécaniciens de quelques théâtres mélodramatiques; la Pie voleuse, le Songe, seraient les garans de leurs succès.

« Alors, comme à Bologne (2), le fond du théâtre pourrait s'ouvrir et présenter de vé-

(1) Vaucanson, né en 1709, mort en 1782, fit un joueur de flûte, un canard qui prend le grain, le digère et le rend; un joueur de tambourin qui joue une vingtaine d'airs. « Je me souviens, dit M. Colnet, que « lorsque cet habile mécanicien se présenta à l'Aca- « démie des sciences, les mathématiciens l'accueil- « lirent assez froidement, car ils n'avaient pas une « très-haute idée de son talent. « Voulez-vous, Mes- « sieurs, leur dit-il, que je vous fasse un géomètre? » D'Alembert pâlit, et se garda bien de l'en défier. *Gazette du 23 septembre* 1821.

(2) « A Bologne, au fond de la scène, est un grand

ritables paysages en perspective; avec une semblable disposition, indépendamment des moyens connus et indiqués par la physique, il serait facile de renouveler et d'assainir l'air impur et méphitique de la salle. Alors, comme à Milan, on serait à même, lorsque la pièce l'exigerait, de faire manœuvrer un escadron de cavalerie dans une plaine riante (1) et sur des montagnes couvertes d'ermitages, de bois, de torrens, de cascades.

« Alors, comme à Parme (2), on ferait voguer des vaisseaux sur un lac dont les ondes ne seraient plus uniquement des toiles mobiles et de froides peintures. La plupart de

terrain vide, au moyen duquel on peut étendre le point de vue, et faire entrer des animaux, des chars, dans de certaines évolutions. » *Voyage philosophique et pittoresque*, de M. Petit Radel, *en Italie*, tome Ier, page 259.

(1) Ceci m'a été conté par des généraux qui ont commandé à Milan pendant nos guerres d'Italie. (*Note de l'Auteur.*)

(2) « Bâti par le prince Alexandre Farnèse, qui le « fit construire il y a environ trois siècles. Ce théâtre « est immense. Selon le Voyageur français, il peut « contenir 12,000 personnes; selon M. Petit Radel 4 « à 5 mille. On y a ménagé des conduits d'eau vers le

ces innovations indispensables pour un théâtre solide et permanent eussent paru bien dispendieuses pour un théâtre provisoire ; aussi me serais-je bien gardé d'en avoir proposé quelques-unes pour la salle nouvellement bâtie, si nous n'avions pas sujet de craindre que le provisoire ne devienne permanent.

« Ah! sans doute, il serait urgent de mettre

« *proscenium*, au moyen desquels l'eau de la Parme, « qui est dans le voisinage, pourrait inonder tout « l'intervalle entre le bas du théâtre et le spectateur. « Alors ce grand espace devenait une naumachie que « l'on couvrait de gondoles dorées. La réflexion des « sons est si exacte sur les contours, que d'un bout à « l'autre on entend distinctement toute personne qui « parle à demi-voix sur le théâtre, sans que la succes- « sion des sons produise la moindre confusion. Les « deux entrées de la salle sont formées par deux arcs « de triomphe sur lesquels il y a deux statues éques- « tres. Elles représentent Alexandre et Ranuce Far- « nèse. Il y a douze rangs de gradins dans son pour- « tour; au-devant est une balustrade dont les acrotères « ou piédestaux supportent des génies qui ont des « torches en main. » Ces détails sont tirés d'un *Voyage ancien en Italie*, du *Voyageur français*, et du *Voyage historique et pittoresque*, par M. Petit Radel.

au concours, non pas de quelques élèves (1), mais des maîtres, le plan d'une salle d'Opéra qui pût rivaliser de beauté avec celles de tous les pays civilisés. Il serait même essentiel de décerner un prix à l'architecte qui, en élaguant de sa composition les ornemens frivoles, y réunirait la grandeur, la solidité, la richesse et tous les accessoires capables de rendre ce monument national, le plus beau, le plus commode, et le plus somptueux de l'univers. Avec quel plaisir l'œil y contemplerait les granits, les bronzes, les cristaux et les marbres variés de nos départemens !

« Comme tous les ordres d'une architecture aérienne s'y réuniraient sans confusion et se prêteraient un mutuel éclat! Sans aucune inscription, que je regarde pourtant comme nécessaire, l'étranger, saisi, transporté, reconnaîtrait aussitôt presque involontairement le temple des arts.

(1) Sans les exclure toutefois :

Le talent n'attend pas le nombre des années.

CHAPITRE XXI.

Emplacement d'un théâtre durable. — Projets du prince de Ligne, magnifiques, mais impossibles. — Notice sur cet amateur des arts. — Quartier superbe de Paris, si l'on eût suivi ses plans. — Arc de triomphe de l'Etoile, l'achever et le consacrer à la paix. — Champs-Elysées. — Comment les embellir. — Planter des jardins d'hiver, qui manquent à Paris. — Jardins d'hiver de Vienne et de Pétersbourg. — Description de ceux qui se trouvent dans cette dernière ville. — Espérances de l'auteur. — Réfutation du plan d'un homme de grand mérite. — Monument de la Bourse.

« On paraît embarrassé sur le choix de l'emplacement d'un théâtre durable, et tel que nous en avons donné une légère esquisse. Des considérations d'un grand poids, développées par un publiciste célèbre, ont dû faire abandonner le projet autrefois proposé par le prince de Ligne(1), de bâtir une salle d'Opéra à

(1) Le prince de Ligne, né dans le dix-huitième

l'entrée des Champs-Élysées, où nul obstacle à cette époque n'eût empêché d'y placer parallèlement le Théâtre-Français, et ces deux édifices eussent complété les embellissemens de la place Louis XV.

siècle, fut un général aussi distingué par sa bravoure et ses exploits militaires que par ses talens en littérature et les écrits qui en ont été le fruit. Ayant fait un voyage en France, il y perfectionna ses études et eut le plus grand succès à la cour de Versailles (*a*). On a de lui un mémoire très-curieux, plein de vues profondes et de vastes plans destinés à embellir Paris. « La magnificence seule, écrivait-il, soutient une monarchie : allez en Russie ; voyez l'église d'Isaac, les temples, les hôtels, les ponts de marbre et les quais de granit, le rocher de la statue de Pierre-le-Grand ; calculez les richesses, la population, l'industrie des deux pays et le reflux de la circulation, et rien ne vous arrêtera. » (Mémoire, tome II.) Obligé de retourner sur les bords du Borystène, le prince de Ligne regrettait vivement de vivre loin des Français, et s'affligea sincèrement de nos désordres politiques. Il avait perdu dans ses dernières années une fortune considérable ; près de mourir (1814), et désirant laisser à ses frères d'armes un témoignage de son attachement, il légua ses manuscrits au corps qu'il commandait.

(*a*) Biographie universelle.

« Avant les malheurs de la révolution, ce projet pouvait être regardé comme heureux. Ces deux salles, placées près de la Seine, eussent été à portée de tous les secours en cas d'incendie. L'architecte aurait eu tout l'espace nécessaire pour reproduire sur le terrain de grandes conceptions. Ces deux édifices, bien percés à l'orient, auraient été très-favorables pour y établir au rez-chaussée des jardins d'hiver qui manquent à la France. »

« En effet, reprit Philoménor, jardins pittoresques, montagnes de tous pays, jeux de tous les climats, spectacles dans tous les genres, tous les plaisirs, en un mot, se trouvent à Paris; et cependant n'est-il pas étrange qu'aucun riche capitaliste ne se soit pas avisé jusqu'ici de planter dans un local peu éloigné du centre de la ville, un jardin où la nature, les arts et l'industrie sembleraient réunir leurs efforts pour faire naître et conserver au milieu des frimas, la douce température et les fleurs du printemps (1)?

« La situation de ces théâtres à l'une des extrémités de Paris eût peut-être excité de vio-

(1) « A Saint-Pétersbourg, le jardin d'hiver du

lentes réclamations. Je présume que l'ingénieux auteur de ce projet avait fait entrer dans ses calculs la proximité des deux quartiers les plus opulens de Paris, le faubourg Saint-Germain et la Chaussée-d'Antin, les nombreux débouchés, le charme et le mérite de la situation. Que de beautés eussent été apperçues en sortant du jardin des Tuileries! le pont Louis XVI, le corps Législatif, le Garde-Meuble et le temple de la Madeleine, les deux monumens scéniques dont je vous ai parlé, et dans la perspective l'arc de triomphe de l'Etoile, dont l'achèvement si désiré éternisera le génie français, ce génie fécond et inépuisable, aussi habile à bu-

« palais de l'Ermitage, entièrement couvert et environné de vitrages, est une haute et spacieuse serre chaude où il y a des allées sablées; elle est ornée de parterres de fleurs, d'orangers, d'arbustes, et peuplée d'une infinité d'espèces d'oiseaux de différens climats, qui volent en liberté d'arbre en arbre. Tout cela produit un effet d'autant plus agréable, qu'il contraste singulièrement avec la plus triste saison de l'année. » *Voyage philosophique, pittoresque et littéraire, fait en Russie*, tome Ier, traduit du hollandais par ***.

riner sur ces nouveaux portiques les triomphes de nos guerriers et les trophées de nos victoires, que les jouissances de la paix. »

« Cet arc de triomphe, reprit mon ami, est le plus grand qui existe au monde, et il est plus qu'à moitié construit; il serait bien digne par ses majestueuses proportions de transmettre à nos neveux le souvenir de la concorde universelle, et de l'union de tous les Français. »

« Supposez, mon cher Philoménor, les galeries du Louvre terminées, une vaste place ornée de portiques immenses devant la colonnade de Perrault (1). Supposez que la rue projetée par Louis XIV est enfin alignée jusqu'à la barrière du Trône... et vous convien-

(1) « Si jamais, dit Piganiol, le grand projet qu'on « avait fait pour le Louvre, pendant que M. Colbert « était sur-intendant des bâtimens, était exécuté, on « démolirait l'église de Saint-Germain-l'Auxerois, la « maison du cloître et celles de quelques rues voi- « sines, pour faire sur l'emplacement une grande et « magnifique place à laquelle le Pont-Neuf aboutirait, « et qui, dégageant l'avenue du Louvre, mettrait « dans un beau point de vue cette superbe façade, « dont Claude Perrault a donné le dessin, et qui

drez avec moi que Paris, sur la rive droite de la Seine, effacerait les plus belles villes du monde. « Dans les Champs-Élysées, ajoutait « le prince de Ligne que je vous ai déjà cité, « qui sans cela ne méritent pas ce nom, je « veux voir le buste ou la statue équestre « des héros à qui la France doit ses vic- « toires, Condé, Turenne, MM. de Vendôme, « Luxembourg, quelques Rohan, quelques « Montmorency, un Duguesclin, un Du- « Guay-Trouin, Bayard, le charmant Gaston, « le modeste Catinat, l'avantageux Villars, le « malheureux Créqui, l'heureux Saxon » (1).

« Et moi, sécria Philoménor, j'y désirerais, contempler les ducs de Reggio, de Feltre, de Tarente, de Bellune, à côté des Lescure, des Laroche-Jacquelin, des Sombreuil et de tant

« est le plus beau morceau d'achitecture moderne. » *Description de Paris*, tome 2, page 128. Ce projet a été présenté à plusieurs reprises; d'abord, par de Sainte-Foix, sous le ministère de Marigny; ensuite, avec de nouveaux développemens, par le prince de Ligne, et enfin depuis par Napoléon.

(1) *Œuvres choisies, littéraires, historiques et militaires*, par le maréchal prince de Ligne. Tome III, page 270.

d'autres braves qui ont illustré nos armes. En se rendant à ce monument, il n'est pas un guerrier qui ne reçût la touchante impression des vertus les plus héroïques; la gloire ancienne et la gloire moderne sembleraient l'environner de tous ses rayons. »

« Vos projets sont charmans, mon cher Grec, lui dis-je; ils feront fortune un jour peut-être plus que ceux du prince de Ligne. De tristes souvenirs, comme je vous l'ai dit, ont en quelque sorte proscrit les théâtres sur la place Louis XV; et quelque grands que soient les plans de ce général, ils ne pourront jamais être exécutés. Au surplus, d'autres endroits dans Paris offrent des emplacemens favorables qui permettront à l'architecte de se livrer aux plus sublimes inspirations, et d'y faire naître les merveilles de l'imagination la plus féconde.

« Concevons-en donc la flatteuse espérance; on profitera d'une longue paix (1) pour élever des édifices dignes enfin de la nation française.

(1) Et des indemnités qui seront sans doute le fruit de nos dernières victoires.

« Au surplus ces derniers plans doivent sembler préférables à celui des architectes, et même des hommes de lettres (1) qui voudraient mettre l'Opéra dans la nouvelle Bourse, et qui, malgré la loi rendue et les raisons invincibles qu'on leur oppose, n'ont pas abandonné l'espoir de l'y placer.

« Quelque prépondérante que soit leur opinion, je ferai d'abord observer que ce bâtiment, très-bien situé pour son usage, s'achève maintenant à l'abri d'une loi proposée par Sa Majesté, et accueillie par les Chambres, et qu'il est construit en partie aux frais du commerce de Paris, qu'on ne pourrait déposséder sans l'indemniser en toute justice de ses avances. De plus, on conviendra sans peine que Paris, dont l'influence est si importante sur les autres places de l'Europe, doit avoir pour ses opérations de finances, un édifice qui ne le cède en rien aux bourses de Londres, d'Amsterdam, et de Pétersbourg.

« En second lieu, ce bâtiment, très-beau sans doute, a bien ce ton grave, mâle et sévère,

(1) M. Qua... de Q... homme de lettres, aussi recommandable par son urbanité que par son érudition.

parfaitement propre à son objet ; mais il n'aura jamais, quoi qu'on fasse, ce genre de magnificence pompeuse que nous avons exigée pour un premier théâtre, destiné à reproduire au-dehors et au-dedans tous les prestiges de la féerie (1); cette magnificence que réclame le perfectionnement de nos arts, que nos voyages et nos conquêtes nous ont fait connaître et désirer en France dans les édifices uniquement consacrés au luxe.

« Enfin, une dernière réflexion sur la conservation du bâtiment de la Bourse à sa première destination, est, je crois, sans replique; il n'y a pas lieu d'en douter; le palais du commerce français perdrait de sa solidité, si, d'après l'avis de prétendus économistes, on se décidait à y placer le grand théâtre lyrique; on serait forcé d'y creuser de profonds souterrains qui n'existent pas et qui mettraient à découvert, et pour ainsi dire à nu les fondemens des colonnes qui environnent le monument; et vous n'ignorez pas que des souterrains profonds sont indispensables pour recevoir les

(1) Voyez les pages 175, 176 et 177 de cet ouvrage.

énormes et nombreuses machines qui, dans leurs jeux multipliés et journaliers, occasioneraient peut-être en peu de temps l'ébranlement ou la chute d'un édifice qui ne fut jamais disposé pour devenir une salle d'Opéra. »

CHAPITRE XXII.

Philoménor au spectacle de l'Opéra. — Ses nombreuses questions. — Acteurs, actrices, — MM. Dérivis, Bonnel, La Feuillade, Nourrit, Adolphe, Laïs, Dabadie, Lecomte. — Anecdote sur Lavigne. — Mmes Branchu, Grassari, Javareck. — Les doublures jouent plus souvent que les premières cantatrices. — Admirable talent de Mme Albert qui depuis sa rentrée n'a pas eu de rôle dans les pièces nouvelles. — Résultat fâcheux du congé sec donné à Mme Fay. — Traité aussi ridicule que désavantageux entre la direction du théâtre de Londres et celle de l'Opéra de Paris. — Chef d'orchestre. — Les instru mens couvrent beaucoup trop les voix. — Récompense proposée pour une ingénieuse découverte. — Pirouettes. — MM. Paul, Albert. — Danse grave. — Singuliers contrastes.

Cependant l'heure du spectacle s'avancait : nous pressâmes notre marche, et nous eûmes l'avantage d'être parfaitement placés au théâtre provisoire. Philoménor, dont jusqu'ici le silencé n'avait été interrompu que par les explosions de la surprise et de l'admiration, profita des entr'actes pour m'accabler de questions sur les acteurs et les actrices qui venaient de conquérir son bruyant suffrage.

« Je vous dirai peu de chose des acteurs et des actrices du grand Opéra, mon cher Philoménor; presque tous sont si parfaits dans leur genre, qu'on pourrait même, sans craindre d'affaiblir la troupe, en détacher un ou deux jeunes artistes pour renforcer la société de Faydeau, qui souvent fait de grandes pertes. L'opinion publique les a déjà signalés, et je ne suis ici que son interprète.

« Où trouver un timbre de voix plus grave, plus plein, plus sonore, plus majestueux que celui de Dérivis? La haute-contre de Nourrit, toujours pure, toujours juste, douce et flexible, prend tous les tons pour vous séduire; Adolphe, son fils et La Feuillade enchantent votre oreille par des sons où respire tout l'éclat et la fraîcheur de la jeunesse. Sans en avoir la comique gaîté, Dabadie remplace, aussi bien qu'il est possible, ce Laïs inimitable dont le talent fit si long-temps les délices de la France. Mais qu'est devenu Lecomte, dont le genre était si gracieux? Faut-il que des intrigues de coulisses aient éloigné Lavigne, ce chanteur que l'on n'a point remplacé, et dont le port et les mâles accens rendaient avec tant de dignité les rôles de Trajan et de Fernand Cortès? Evénement assez bizarre! on dit qu'une cantate exécutée ordinairement par Lavigne, et que Dérivis avait toujours chantée depuis son absence, fut en partie la cause de sa démission. Cet acteur avait beaucoup perdu, ajoutait-on, de ses moyens en province. Le séjour de Paris, de bons modèles, de nouvelles études les lui auraient rendus. Depuis peu, d'ailleurs, il a jeté le gant à ses adversaires; comme le berger de Virgile, il a proposé le combat du chant; hésitera-t-on toujours à l'accepter?

« On a renvoyé Mme Allan Ponchard, qui valait beaucoup mieux que d'autres qui ont été conservées. On a donné un congé sec à Mme Fay; combien d'opéras du plus grand mérite, tels qu'Armide, Alceste, sont mis à l'écart parce qu'il n'existe pas d'actrices qui puissent les chanter. De nouvelles pertes font naître de nouveaux regrets. Comment par le refus d'une légère augmentation de traitement (1) que

(1) Le public a jugé que cette demande était juste,

l'administration accorde à un danseur (1), a-t-on forcé pendant quelque temps à s'exiler de Paris cet incomparable Dérivis, dont les meilleures doublures ne peuvent remplir le vide? Je vous ferai remarquer un autre abus.

« Si j'en excepte Mlle Grassary, on ne fait guère jouer au grand Opéra que des doublures surannées, ou des débutantes sorties du conservatoire, parmi lesquelles se distinguent Mme Dabadie et Mlle Javareck (2); mais chaque jour on regrette de n'y voir paraître, qu'à de très-longs intervalles, Mme Branchu; et il est bon de vous faire observer que l'Opéra, tout riche qu'il est, n'a pas dans ce moment-ci un seul sujet qui puisse chanter et exécuter

ne fût-elle regardée que comme une récompense. Toute la question se réduisait à savoir si le plus habile danseur, dont tout le monde admire la grâce, la vigueur et l'aplomb, devait être mieux payé qu'un artiste qui réunit à la taille, à la figure la plus imposante, le double talent de chanteur parfait et de tragédien sublime.

(1) Albert.

(2) Cette jeune actrice, qui chante si admirablement dans Aladin:

« Venez, charmantes baïadères. »

aussi bien qu'elle le rôle d'Hypermnestre (1) et de la Vestale, parce que ces rôles exigent, non-seulement une grande cantatrice, mais de plus une excellente tragédienne; vous ne serez donc pas surpris d'apprendre, mon cher Philoménor, que toutes celles qui ont osé aborder ce double emploi y ont jusqu'ici complètement échoué. D'ailleurs, je puis vous l'affirmer, Mme Branchu n'a point désiré ni conséquemment sollicité sa retraite (2); elle connaît trop bien toute la puissance de ses moyens, qui, loin d'avoir baissé, ont acquis une perfection que savent apprécier les vrais amateurs de la bonne musique. Je puis ajouter que les légers défauts (3) qu'une sévère critique lui reprochait, ont entièrement disparu. Jamais peut-être sa voix n'eut plus de charme, de vigueur,

(1) Dans les Danaïdes.

(2) Des chagrins domestiques ont été la cause, bien excusable, de son absence de la scène. Il y a près d'un an, Mme Branchu perdit son fils unique qu'elle aimait tendrement.

(3) On l'accusait de crier; dans certaines situations, l'orchestre, souvent trop élevé, l'y forçait; des avis salutaires, le travail et l'étude l'ont prodigieusement corrigée de cette vicieuse théorie.

de force, de douceur et d'expression que dans sa dernière apparition sur la scène. Espérons que l'autorité surprise par les secrètes insinuations de quelques ennemis jaloux, nous mettra plus souvent à même d'admirer un sujet aussi précieux. Lorsqu'on réunit, comme Mme Branchu, les plus rares talens aux qualités les plus estimables de son sexe, on mérite d'être long-temps conservée à ce spectacle, ne fût-ce que pour servir de modèle aux jeunes femmes qui se destinent à parcourir la même carrière.

« Rarement encore on entend Mme Albert, qui jusqu'ici n'a point obtenu d'emploi dans les opéras nouveaux, où elle serait si bien placée. Cette cantatrice possède incontestablement une des plus belles voix de l'Europe. Lorsqu'elle chante, on croit entendre tour à tour, les inflexions légères, les intonations et les cadences perlées du rossignol. Comme Mlle. Georges, elle a mis à profit les momens de l'absence; et comme la belle reine de l'Odéon, cette charmante actrice doit, en reparaissant plus souvent, obtenir les applaudissemens les plus mérités. Vous devez regretter, mon cher Philoménor, de n'avoir pas encore apprécié son merveilleux talent. » « Je saisirai avec empressement l'occasion de l'entendre, me dit le jeune Grec; peut-être d'ailleurs cette occasion sera-t-elle moins rare un jour. Il est à présumer que l'autorité supérieure finira par connaître ces misérables coteries qui malheureusement ont assez d'influence pour retenir dans l'ombre des cantatrices d'un mérite transcendant, mais qui *n'ont pour protecteurs que leurs talens et une conduite modeste et réservée* (1); elle finira sans doute par déjouer ces sourdes cabales qui semblent travailler au renvoi de vos premiers artistes. » « Lorsque par des raisons généralement connues, ajoutai-je, on produit sans cesse des médiocrités naissantes ou sur le retour, dont la voix est faible ou voilée, et dont les moyens dramatiques sont d'une nullité parfaite; lorsqu'on ne cherche pas même à recruter des actrices supérieures, telles que Mme Montano, qu'on abandonne aux *dilettanti* des départemens, ou telles, que Mlle Demeri, dernièrement enrôlée dans les bouffes, pour de là

(1) Mlle Quincy. *Miroir*.

passer plus facilement, comme Mme Fodor sur les théâtres des pays voisins; en faisant subir au public des privations aussi vivement senties, on a cru prévenir les désertions à l'étranger par une transaction passée entre l'Académie royale de Paris et le théâtre de Hay-Market de Londres, pour ne pas s'enlever, dit-on, réciproquement les premiers sujets de la danse. Ne trouvez-vous pas, mon cher Grec, le mot *réciproquement* d'une justesse remarquable? Comme s'il existait en Angleterre un danseur qui osât faire assaut de grâce et de légèreté avec Paul, Albert, Ferdinand et Coulon; et puis, le bel arrangement qui livre en hiver Mme Anatole aux Anglais, et dans les beaux jours du printemps Paul et Mlle Noblet! N'existait-il point d'autres moyens de les retenir, qu'en s'imposant d'aussi pénibles sacrifices? Où sont les compensations pour la France? et la sagesse de l'administration se bornerait-elle uniquement à des concessions pusillanimes? Au surplus, mon cher ami, quel que soit aujourd'hui votre enthousiasme pour l'Opéra, et le ballet que vous avez vu représenter, trouvez bon, je vous prie, que j'engage le chef d'orchestre à ne pas couvrir autant par les trombonnes, les tambours et les trompettes, la voix des chanteurs et surtout des cantatrices. Il est fâcheux d'entendre quelquefois des sons qu'on pourrait appeler des cris et des hurlemens. Des talens aussi réels que ceux de Dérivis, de Bonnel, de Nourrit, de Mmes Albert, Branchu, Grassary, le Roux, Quiney, n'ont pas besoin, pour enlever les suffrages, de monter sur un diapason aussi ridicule que désagréable pour les spectateurs. Oh! combien cependant mériterait une récompense honnête l'artiste ingénieux qui aurait découvert le secret infaillible d'empêcher certaines actrices de chanter faux!» «Vous pouvez avoir raison, me dit mon Grec; j'inviterais à mon tour très-sérieusement MM. les chorégraphes à diminuer le nombre des pirouettes. Quand on danse comme Albert, quand on voltige comme Paul, ces tours de force, qui ont tant de rapports avec les singeries des baladins de vos boulevards, sont inutiles pour mériter de justes applaudissemens, et sont tout au plus des signaux de ralliement pour MM. les claqueurs soldés.»

« A merveille, mon cher Grec : très-certainement, pour les véritables amateurs, la danse grave n'a pas perdu ses attraits; peut-être se montre-t-elle trop rarement à l'Opéra; et cependant l'on aimera toujours à contempler le développement majestueux des forces d'un nerveux Hercule, opposées à la molle souplesse de nymphes et d'Amours que les Grâces devraient accompagner sans cesse. Trop souvent ici ces Amours ont outrepassé l'âge de l'enfance; trop souvent ils ont perdu ces traits pleins de malice et de finesse que leur prête la riante imagination des poètes; quelquefois même des figures qui semblent empruntées au burin de Calot, se rencontrent à peu de distance d'une tête que l'on croit avoir admirée dans les productions immortelles du pinceau de l'Albane.

CHAPITRE XXIII.

Art mimique. — Son origine. — Rhume d'Andronicus. — Système admirable des immortels abbés de l'Épée et Sicard. — Réflexions d'un encyclopédiste. — Mmes Heinel, Guimard, Gardel et Clotilde. — On doit la perfection de la pantomime à Mlle Bigottini. — Portrait de cette actrice dans le ballet de Clari. — Mmes Courtin, Fanny Bias, Anatole, Marinette. — MM. Albert, Montjoie, Ferdinand. — Pantomimes de MM. Franconi dans leurs tournois.

« Tout en blâmant avec vous, mon cher Philoménor, des taches aussi légères dans un aussi riant tableau, je ne puis m'empêcher de rendre hommage à l'art mimique qui semble avoir eu la destinée et l'emploi de la peinture sur verre, long-temps perdue et dernièrement retrouvée. Je parle uniquement de la pantomime asservie aux règles dramatiques, autrement on me chicanerait à bon droit sur une pareille assertion; la pantomime étant, comme vous le savez, la première langue de l'enfant de la nature. En tout temps et sans interruption les signes (1) furent l'idiome du sauvage. La pantomime scénique, si parfaite chez les Romains, négligée depuis et perfectionnée en France, semble mettre à jour toutes les affections de l'âme et leur donner les plus vives couleurs. Je me rappelle qu'une très-petite cause, le rhume d'un comédien, mit à Rome

(1) Quel art plus merveilleux et plus utile que celui qui fut inventé, dans le dernier siècle, par l'abbé de l'Épée, et perfectionné depuis par l'abbé Sicard. Admirable méthode qui remplace, par des signes aussi rapides que pittoresques, deux sens, l'ouie et la parole, dans l'individu qui en était privé, et lui communique le don inappréciable de connaître nos langues mortes et vivantes, et celui, plus précieux encore, du développement de toutes ses facultés intellectuelles. La France doit-être véritablement glorieuse d'avoir été le berceau (*a*) d'une science que l'antiquité n'avait pas connue et que tous les souverains s'empressent d'adopter et de répandre aux quatre coins du monde.

(*a*) Car l'idée de ce système, dit M. de Jouy, n'avait été qu'entrevue par un moine espagnol nommé Ponce, par le mathématicien anglais Wallis, et par Amman, médecin d'Harlem.

la pantomime en faveur. Andronicus, poëte et acteur, qui publia sa première pièce deux cent quarante ans avant l'ère vulgaire, fut l'inventeur de l'art mimique. Ayant éprouvé un enrouement, il imagina de faire réciter son rôle par un esclave, tandis qu'il faisait les gestes; telle fut l'origine de la pantomime. » « Quelque éloge que l'on puisse faire de cet art, me dit Philoménor, les auteurs de votre Encyclopédie en ont fait, ce me semble, une très-juste critique que je puis vous citer : « De la pantomime rien ne reste, disent ces savans, rien ne reste que des impressions quelquefois dangereuses; on sait qu'elle acheva de corrompre les Romains; au lieu que de la bonne tragédie et de la saine comédie il reste au moins d'utiles leçons.

« Un gouvernement sage aura donc soin de préserver les peuples de ce goût dominant des Romains pour la pantomime, et de favoriser les spectacles, où la raison s'éclaire, où le sentiment s'épure et s'anoblit. »

« On doit, repris-je, on doit surtout une nouvelle création du genre à Mlle Bigottini; avant elle, Mlles Guimard, Heinel, et de nos jours, Mmes Gardel et Clotilde, avaient bien, si l'on veut, copié le caractère idéal et poétique des divinités de la fable ; mais d'après le témoignage de ceux qui, depuis longues années, ont suivi l'Opéra, aucune actrice n'avait porté la pantomime au degré de perfection où cet art est parvenu depuis que Mlle Bigottini s'est emparée des premiers rôles. Jamais personne ne sut unir plus de grâces à une sensibilité plus touchante. Jamais, comme vous l'avez vu, l'action du geste et le simple jeu de la physiononmie n'ont été plus expressifs, n'ont rendu avec plus de vérité toutes les nuances du sentiment, les remords de l'erreur, l'amertume des regrets, la terreur du châtiment, et l'ivresse d'un bonheur inespéré ; en un mot, cette expansive énergie de toutes les passions qui agitent, bouleversent ou transportent le cœur humain ; et ce qui est bien plus remarquable, dans aucun siècle, avant cette incomparable mime, le spectateur n'avait pu suivre avec autant d'intérêt le fil et le développement d'une intrigue, ni mieux deviné les incidens, les épisodes et le dénouement. Mademoiselle Bigottini est, il est vrai, parfaitement secondée par Mmes Courtin, Fanny, Anatole et Marinette ; par MM. Albert, Montjoie, Ferdinand et par cet essaim léger de danseurs et de danseuses dont les talens n'ont point de rivaux en Europe.

« La pantomime doit encore beaucoup à MM. et à Mme Franconi qui, dans leurs tournois, nous ont offert des tableaux d'histoire d'une ressemblance d'autant plus vraie et d'autant plus énergique, que l'instinct cultivé d'animaux peu dociles et jusqu'alors peu susceptibles d'une éducation aussi savante, semble se réunir au génie de leurs maîtres pour mieux tromper le spectateur qui se croit réellement transporté au milieu même où l'action s'est passée et que la scène reproduit à ses yeux.

CHAPITRE XXIV.

Promenades nouvelles de Philoménor dans certains quartiers de Paris. — Étrange malpropreté. — Chantiers de la capitale. — Ponts sans cesse obstrués. — Abus toujours renaissans malgré les ordonnances. — Reléguer strictement certaines professions dans des marchés communs. — Raisons de cette mesure. — Fontaine de Grenelle. — Colonnade du Louvre. — Intérieur et cour du même palais. — Guinguettes et magasins de plâtres-modèles. — Carrousel. — Salle de réunion des trois pouvoirs. — Plan de ce temple des lois. — Faire disparaître les ménageries de ce quartier, et pourquoi.

Un matin, j'avais été prendre Philoménor à son hôtel, et plusieurs fois dans nos courses nous avions traversé la Seine. « Pourquoi, me dit-il, cette éternelle et révoltante malpropreté dans le centre ou dans les faubourgs de Paris? pourquoi dans certains endroits de la Cité et du Marais ne fait-on pas nettoyer certaines petites rues dont l'odeur peut corrompre davantage l'air impur que l'on y respire?

pourquoi laisse-t-on si long-temps encore ces monceaux de terre et de plâtras nécessaires peut-être dans un temps d'hiver (1), inutiles dans les autres saisons, et dont le moindre inconvénient est de mettre de niveau la chaussée et le trottoir, et de faire verser, dans un moment de presse, les voitures les plus solides. Incontestablement si l'intérêt et la sûreté générale de tous les citoyens doivent l'emporter, dans un état bien organisé, sur la commodité individuelle, mes observations s'étendront également sur ces chantiers sans nombre qui, dans presque toutes vos rues, rétrécissent la voie publique. Quel est celui qui en passant près des ouvriers n'a pas craint d'être aveuglé, ou même gravement blessé par les éclats de pierre qui jaillissent sous les coups de marteaux? Ne serait-il point utile, pour prévenir tous les accidens, de fixer dans plusieurs endroits vagues des chantiers communs, d'où les pierres équarries et prêtes à

(1) Pour faciliter, pendant les frimas, la montée des ponts aux charrettes et tombereaux pesamment chargés; aussi la critique de l'auteur ne s'exerce-t-elle que sur leur trop longue permanence.

être placées, seraient transportées aux lieux où l'on bâtirait?

« Je suis étonné, ajoutait-il, que l'on permette, sans nécessité, l'établissement de ces piles de bois, de ces sables, de ces ustensiles, de ces niches, de ces siéges (1), sur un des plus jolis ponts de Paris, celui qui de l'Institut conduit au Louvre. Je n'y passe point sans qu'il n'en soit encombré. Il me semble, mon cher ami, que les quais, les boulevards, les Champs-Élysées doivent suffire à ces marchands ambulans, à ces artistes précieux, à ces mendians de profession qu'on voit chaque jour, au mépris des réglemens, couvrir la plupart des ponts, qui devraient être tenus libres. Je réclamerais au moins ces lois de police pour le pont Royal, celui des Arts, du Jardin du Roi, de l'École-Militaire, et de Louis XVI. Ce dernier, qui, comme l'on sait, doit être remis à neuf et orné de belles statues de nos guerriers, devrait bien être gardé perpétuellement par des sentinelles, et dégagé des ignobles baraques qu'on voit aux extrémités. »

(1) Jusque, souvent même, sur le terre-plein du Pont-Neuf

En traversant différentes rues, le jeune étranger fut singulièrement choqué d'un autre abus introduit à Paris pendant la révolution. Une tolérance qui a sans doute les plus graves inconvéniens, tant au physique qu'au moral, a souffert que certains *artistes* très-habiles dans la dissection, sortissent des lieux où la sagesse de nos pères les avait si prudemment consignés, et vinssent se placer dans nos plus belles rues ; il n'est pas rare de voir d'innocens animaux égorgés, suspendus près de la boutique du parfumeur, de la marchande de modes et de nouveautés.

« Pour des raisons que je ne fais qu'indiquer à votre sagacité, mon cher Philoménor, il me semble qu'après avoir éloigné du centre de Paris les théâtres du carnage, et les avoir relégués aux extrémités, même hors des barrières, il me semble, dis-je, qu'il serait très-conséquent d'en confiner exclusivement les victimes dans les nombreux marchés de la capitale, et de n'en point tolérer la vente ailleurs. » « Tous les amis des convenances, seront de votre avis, mon cher Philoménor. Qu'eussiez-vous dit, si naguère, vous eussiez vu comme moi l'échoppe la plus vile placée comme exprès au pied de la belle fontaine de la rue Grenelle? En voyant les restes sanglans que l'on vendait tout près de l'immortel chef-d'œuvre de Bouchardon, je me croyais revenu au temps du paganisme. Et cependant, repris-je, vous n'ignorez pas que le sang ne coulait guère sur les autels des bienfaisantes naïades, et que des fruits, des gâteauxet des libations de vin étaient presque les seuls dons que la piété offrait ordinairement à ces divinités champêtres. »

Tout en continuant notre promenade, nous arrivâmes au près du Louvre.

« Quand disparaîtront entièrement (1), me dit mon Grec, ces planches vermoulues qui masquent, mais défendent toutefois si utilement, la belle colonnade de Perrault? Jusqu'à quelle époque nous obligera-t-on à monter presque sous les toits pour l'admirer dans son ensemble? En attendant le moment où l'on fera les déblaiemens indispensables pour mettre les alentours du palais en rapport avec la majesté de cet édifice, n'a-t-on pas les

(1) Beaucoup de ces cloisons subsistent encore.

moyens de le laisser apercevoir tout à fait et sans aucun obstacle à travers une ceinture de grilles (1) aussi simples qu'élégantes? » « Ne détruira-t-on point aussi, repris-je, des maisons que l'on dit achetées depuis long-temps par le gouvernement, pour donner à la façade du nord de ce palais une entrée plus spacieuse? Cette démolition est urgente et doit même paraître absolument nécessaire pour la sûreté publique (2). Quand cette vaste cour sera-t-elle embellie par des gazons d'une fraîche verdure? Quand substituera-t-on des fontaines, dignes du lieu, à cette pompe misérable qui sans doute y est nécessaire? »

« Je demanderai encore si la loge d'un suisse, ayant l'apparence d'un cabaret et un petit écri-

(1) On a bien fermé une portion de l'esplanade qui se trouve entre le Louvre et la place, avec des grilles en fer; d'autres l'ont été par de misérables barrières, à peu près semblables à celles des parcs anglais. Ces clôtures en bois sont, je le présume, provisoires, c'est le mot; mais ce provisoire sera-t-il perpétuel? manquerait-on de fer et de serruriers actifs dans la bonne ville de Paris?

(2) A l'angle de la rue du Coq-St.-Honoré.

teau servant d'enseigne (1), est absolument utile et décente dans le palais splendide des Henri IV et des Louis XIV? Ce serait bien le cas de répéter ces vers de Voltaire, écrivant en 1749 sur le même sujet :

« Quel barbare a mêlé sa bassesse gothique
« A toute la grandeur des Grecs et des Romains?
. . . .
« Faut-il que l'on s'indigne alors que l'on admire! (2)

Vous avez vu il y a quelques mois la salle que l'on a disposée pour l'ouverture de la session législative, et je me rappelle encore vos réflexions à ce sujet. Quoique la chambre des pairs et celle des députés aient chacune un palais à part pour leurs assemblées, je fus forcé de convenir avec vous que nous n'avions pas un seul monument convenable pour y rece-

(1) On y lit à travers la vitre : *eau-de-vie*; nous croirons encore que l'enseigne du magasin des plâtres-statues pourrait, sans nul inconvénient, être enlevée pour ne pas interrompre l'uniformité des ceintres. Ce magasin ne serait-il point mieux ailleurs?

(2) Lettres de Voltaire.

voir ces deux premiers corps de la nation, lorsque le souverain juge à propos de les réunir, et de se rendre au milieu d'eux, avec sa cour et les grands dignitaires de la France. La salle des députés qui, faute de mieux, servait les années précédentes à cette destination, et celle nouvellement construite au Louvre, sont trop petites et trop resserrées pour un concours aussi nombreux et aussi solennel; ce qui oblige à réduire extrêmement le nombre des spectateurs. Ces salles d'ailleurs n'ont pas suffisamment ce ton de grandeur, et ces ornemens que semble demander impérieusement la réunion des trois pouvoirs d'une nation de trente millions d'hommes. Où ce monument, devenu nécessaire d'après nos constitutions, serait-il mieux placé qu'au centre de la place du Carrousel, lorsque tous les bâtimens qui sont encore debout auront disparu? Ne trouverait-on pas dans ce projet le triple avantage d'intercepter la vue des deux pavillons du Louvre et des Tuileries, qui ne sont point parallèles; celui d'une facile circulation, de débouchés nombreux; et enfin celui d'offrir encore aux races futures un édifice où le mérite de l'emplacement égalerait la majesté du plan, la magnificence de l'architecture et la beauté des fontaines jaillissantes dont on serait à même de l'environner. Puisse cet édifice s'élever sous notre auguste monarque ! Il est digne du roi législateur de signaler son règne par un monument qui soit pour ainsi dire le tabernacle sacré des institutions qu'il a daigné octroyer à ses peuples.

« Alors nécessairement nous verrons s'éloigner du Carrousel ces ménageries qui, malgré l'indignation générale, s'étaient même établies jusques sous les balcons des Charles IX, et des Henri III (1). N'y a-t-il donc plus de place ailleurs pour les jongleurs de toute espèce, pour les perroquets et perruches, les singes mâles et femelles (2) qui, comme l'on sait, copient d'une manière si indiscrète

(1) Quai du Louvre.

(2) Nous sommes bien fâchés de n'avoir point cédé aux réclamations qui nous ont été faites à ce sujet par des hommes que nous respectons, et qui se sont hautement plaint qu'en cherchant à éloigner les singes, nous allions empiéter sur leurs plaisirs.

ou si bouffonne tant d'importans personnages; et ces caméléons des Indes ne trouvent-ils plus d'asiles à Paris que près le palais des rois? »

CHAPITRE XXV.

Quelques réflexions sur les fondateurs de nos principaux monumens. — Ecole Militaire. — Quelle pourrait être sa destination. — Champ de Mars. — Y élever des amphithéâtres. — En entretenir et en planter les terrasses. — Utilité de ces réparations. — Mot très-vrai de M. de Lacretelle sur nos fêtes publiques. — On doit conserver les édifices élevés pendant la révolution. — Il faut leur imprimer des formes royales. — Colonne de la Place Vendôme. — Arc de Triomphe du Carrousel. — Tuileries. — Etonnement très-fondé de Philoménor. — Statues des niches et portiques du Palais, des Jardins et Bosquets. — Réaliser un projet de M. le duc de Lévis. — Surveillance trop peu sévère au Carrousel, et en quoi. — Jours de revue. — Saint-Cloud. — Versailles. — Dévastations non réprimées dans les parcs et parterres de ces résidences. — Bains d'Apollon violés. — Rocailles et ornemens des bosquets fermés et publics. — Colonnades du Château. — Les vrais moyens de restauration n'ont point été employés dans les bois détruits en 1815. — Accidens arrivés aux monumens de Paris.

« Beaucoup de monumens ont été construits

par les derniers souverains de la dynastie régnante; les chiffres des princes qui les ont fait bâtir en sont garans; on doit une reconnaissance éternelle à François Ier, à Louis XIV, à Louis XV et à Louis XVI; on en devra plus au roi philosophe qui, dans les temps les plus difficiles, a suivi les plans tracés par ses aïeux, avec le projet de les achever et de les embellir. Cependant, comme il est plus important de maintenir ce qui existe que de créer, je voudrais que l'édifice le plus marquant du règne de Louis XV, l'École-Militaire, édifice dont la splendeur fixait l'admiration de tous les étrangers, pour l'élégante distribution de ses portiques et surtout pour ses grilles d'un travail et d'un fini unique, cessât de rester une caserne, où les dégradations se multiplient d'un jour à l'autre et ajoutent encore à celle du temps et d'une révolution dévastatrice. Eh quoi! la chancellerie de la Légion-d'Honneur a son palais; pourquoi l'ordre royal et militaire de Saint-Louis n'aurait-il point le sien dans cet hôtel bien digne d'y recevoir un chancelier et ses archives? C'est selon moi le seul moyen de tirer cet ancien établissement de l'état de délabrement où il est réduit, si Sa

Majesté ne le rend pas à sa primitive destination. »

« Les vrais partisans de la monarchie seront d'accord avec vous sur ce point, me dit Philoménor en m'interrompant. Tout près, comme le peuple roi, vous avez, je me le rappelle, un vaste Champ-de-Mars; souvent les Parisiens y sont attirés par des évolutions militaires, de grandes revues, une distribution de drapeaux, quelquefois par des banquets populaires ou des courses publiques. Malgré un emploi si fréquent, à peine a-t-on songé à prévenir les désagrémens qui résultent de son grand éloignement de toute habitation; grave inconvénient, dont vos compatriotes m'ont appris qu'on s'était complètement aperçu le jour de son inauguration. On y est brûlé par un soleil ardent, et souvent inondé par des averses inattendues, avant d'avoir pu regagner la ville. Au lieu de ces pavillons provisoires, petits, écrasés, insignifians, que n'a-t-on construit en regard deux édifices en forme de citadelle, qui dans les cérémonies serviraient à recevoir les autorités et à recueillir le reste de l'année tout le mobilier, que l'on sentira, un jour, je l'espère, être indispensable pour les fêtes que l'on y donne, telles que des tentes nombreuses que l'on dresserait et que l'on ôterait à volonté, des draperies, des jalons, des filets, etc., en un mot tout ce qui serait reconnu utile pour l'agrément, la sûreté et la commodité publique. (1)

« On a bien exhaussé le terrain dans le pourtour de son enceinte. Ces travaux immenses produisent maintenant peu d'effet; des éboulemens ont eu lieu, le terrain s'est affaissé, par suite de la négligence que l'on a mise à réparer les terrasses. Les derniers rangs des curieux voyent peu et sont souvent privés de cette espèce de spectacle. Votre gouvernement em-

(1) En appliquant au présent ce qu'un auteur célèbre a dit du passé, cette observation doit paraître bien juste; « Malheureusement, a remarqué M. de Lacretelle, on ne sait employer que du bois pour « toutes ces constructions. Cet expédient qui eût révolté le siècle majestueux de Louis XIV, devient « une loi pour toutes les fêtes, même celles dont le « retour est périodique, en sorte que bien qu'elles « soient pour la plupart extrêmement dispendieuses, « elles n'ajoutent pas un seul monument à la magnificence de la capitale. » *Histoire de France, Assemblée constituante*, tom. 1er, pag. 360.

ployerait donc très-à-propos, dans la morte saison, quelques ateliers pour soutenir, relever, distribuer en gradins ces amphithéâtres de verdure, et surtout pour abriter par de nouvelles plantations les nombreux spectateurs qui assistent chaque année à ces réunions nationales. »

« Ami de la vénérable antiquité, je n'en suis pas moins, mon cher Grec, le conservateur zélé de tout ce qui a été fait de bon, même pendant le trop long interrègne de nos rois. Tous les vrais Français sont loin d'être des Vandales. Jamais ils n'imiteront les apôtres de l'anarchie. Laissons donc subsister ce qui dans tous les temps sera toujours beau, lorsqu'il ne conserve plus d'emblèmes incompatibles avec notre gouvernement : ne peut-on pas imprimer des formes royales à certains monumens, élevés aux dépens de la France, qui ont été dégradés par suite de l'invasion de 1815, et principalement ceux qui se trouvent placés près de la résidence du souverain?

« Quand le génie de la victoire, un pied en l'air, les ailes déployées, tenant dans sa main la trompette héroïque, semblera-t-il s'envoler du sommet de la colonne de la place Vendôme, et répandre en tous lieux l'éclatante renommée de nos armes ?

« A l'arc de triomphe du Carrousel les bas-reliefs ont été arrachés. C'était le droit du plus fort ; il n'y reste plus rien qui retrace celui qui le fit élever : le moment est sans doute arrivé de remplacer ces bas-reliefs par des marbres, où nos sculpteurs pourraient représenter les faits mémorables des Victor, des Moncey, des Macdonald et des Lauriston.

« Les alliés ont enlevé les chevaux de Corinthe, qui faisaient un si bel effet dans l'endroit où ils étaient placés. Un nouveau quadrige qui, je l'avoue, n'aurait pas le mérite de l'antiquité, mais qui serait plus parfait peut-être, s'il était travaillé par la main de nos artistes, serait bien capable de nous consoler de cette perte. En descendant les Renommées on a brisé la corniche du monument (1) ; n'est-il pas urgent de réparer ces accidens de la maladresse et de l'imprudence ? »

(1) Côté du Carrousel. Même accident est dernièrement arrivé à la belle corniche qui couronne le terreplein du Pont-Neuf, on ne sait comment, côté de l'ouest, au-dessous de la balustrade.

Nous avions pénétré dans la cour. Philomenor remarqua, avec douleur, sur les murs et les colonnes du palais l'empreinte des boulets et des balles dirigés contre cette auguste demeure de nos rois, dans des journées d'exécrable mémoire. Il eût voulu que des réparations peu coûteuses effaçassent des souvenirs aussi déchirans. Il eût voulu encore que tous ces Romains, si noircis par le temps et si horriblement mutilés, placés sous les galeries avec la Vénus et le Faune qui accompagnent le vestibule (côté du jardin), fussent absolument remis à neuf, comme une décoration essentielle du palais.

« Ne serait-il point utile de réaliser une idée très-heureuse de M. le duc de Lévis? Il faudrait que la terrasse du côté de la rivière, où se remarquent de bonnes copies d'antiques, fût encore ornée de fleurs et d'arbustes, et servît de promenade particulière au château.

« Au-dessous, et dans toute la longueur de « cette longue terrasse, exhaussée de quelques « pieds, dit cet honorable pair, on serait à même « de pratiquer un immense manége destiné aux « princes, qui pourraient ainsi prendre com- « modément en hiver l'exercice du cheval, dont

» ceux qui commandent aux peuples ne doi-
» vent jamais perdre l'habitude (1). »

« Les jardins des Tuileries, reprit Philoménor, sont généralement bien tenus (2). Aucuns marbres cependant ne devraient y être brisés ou renversés (3). Quelquefois les statues des bosquets et des terrasses ont perdu

(1) Projet exécuté dans le *voyage de* Kang-hi, tome 1er, page 34, par M. le duc de Lévis.

(2) Nous en excepterons pourtant l'extrémité des terrasses, côté de la place Louis XV; les gazons en talus devraient y être cultivés ou tout à fait détruits. Ailleurs, dans les carrés du jardin, les grandes pièces de verdure, couvertes de mousse et d'herbes parasites, sont dans un tel état de vétusté, qu'il est indispensable de les renouveler entièrement. Du reste, on voit peut-être trop peu de plantes exotiques dans les platebandes. Excepté la tulipe, les autres fleurs à ognon ou bulbeuses du printemps n'y brillent jamais. Mme de Sévigné y chercherait en vain les jonquilles qui l'embaumaient à Chantilly (*). Il serait bon encore qu'un marbre pur remplaçât la pierre qui couvre le pourtour des bassins.

(3) Tels que les vases placés sur la terrasse du bord de l'eau, et le tribunal des juges d'Hippomène et d'Atalante.

(*) Lettres 91 et 95 de Mme de Sévigné, t. 2, éd. de 1806.

des doigts, une main, un pied ; il serait bon de leur rendre sans délai des parties qui leur furent enlevées par la malveillance la plus barbare, et qui sont le complément de leur beauté. » « Hélas ! repris-je, comment d'autres malheurs n'arriveraient-ils pas? ils sont souvent la suite d'une tolérance indiscrète ou d'une surveillance peu rigoureuse.

En voulez-vous des exemples dont tout Paris est témoin. Fait-on une revue au Carrousel, aussitôt des hommes à souliers ferrés se portent et montent sur les piédestaux de l'arc de triomphe, en écornent les pierres, sans que personne les en empêche ; il est facile à ce sujet de convaincre les plus incrédules. Donne-t-on des fêtes à Saint-Cloud, à Versailles ou dans quelques autres maisons royales, les pièces de verdure extérieures, et même celles des parterres fermés qui décoraient au printemps les bords des eaux ou des bois enchantés qui les environnent, disparaissent en partie sous les pas des promeneurs, et ne présentent plus à l'œil affligé que des tapis arides, desséchés et à moitié détruits. Des gardes plus nombreux, s'il le fallait, seraient bien utiles pour leur conservation ; et je crois que personne n'aurait lieu de se plaindre si ces surveillans forçaient le public à suivre les chemins tracés et à respecter les ornemens de ces beaux lieux.

« J'ai été témoin d'un abus heureusement réformé à Saint-Cloud. Souvent le dieu du fleuve, la nymphe de la cascade, son urne mystérieuse, étaient couverts de curieux qui, en montant et en descendant, brisaient ou risquaient d'endommager ces divinités fragiles, outrages, qui faute de gardiens plus multipliés, arrivent souvent dans nos Musées (1).

« On a fait plus ; qui le croirait! des profanateurs ont gravi jusque sur le sommet du rocher de Versailles ; ils ont violé la grotte sacrée, dite des bains d'Apollon, et ravi la main du dieu qui y préside avec tant de grâce

(1) On n'a peut-être pas assez multiplié les grilles qui devraient entourer les monumens les plus capitaux de nos musées des sculptures antiques, entr'autres le Gladiateur, le Germanicus, etc. ; souvent ces objets sont placés trop près de la main téméraire ou coupable de la sottise ou de la malveillance. Ils sont exposés, je le sais, pour être vus et contemplés ; mais dans l'intérêt de leur conservation, il devrait être expressément défendu de les toucher.

et de majesté; le même délit a été commis sur les statues des différens frontons de la même résidence royale, où les colonnes des pavillons (1), endommagées dans leur longueur, doivent éveiller l'attention spéciale de l'architecte et exiger le travail des plus habiles ouvriers.

« Je le répète, ne serait-il pas préférable de se mettre à l'abri de pareils accidens plutôt que d'être condamnés à les réparer? Ailleurs, souvent, faute de sentinelles, les bas-reliefs de nos fontaines servent de jouets à l'enfance inconsidérée, et sont exposés aux plus désolantes mutilations (2).

(1) Une partie de ces accidens ont eu lieu à Versailles; en 1815, des rocailles même ont été ruinées ou enlevées pendant que les alliés étaient campés dans le parc et dans les bosquets, dont quelques-uns ont été en partie dévastés; depuis, on a recépé et replanté. L'ombrage des grands arbres que l'on a cru devoir laisser subsister, rendra ces soins inutiles, et sera toujours mortel aux jeunes sujets que chaque année on place en vain pour regarnir ces murailles de verdure jadis si belles et si compactes. Jamais on n'aura de massifs sans lacune, qu'en coupant certains carrés par le pied et en replantant à neuf.

(2) Telles entr'autres, celle de Saint-Sulpice et celle de la Pointe-Saint-Eustache. On en a bien réparé quel-

ques-unes, mais d'autres ne le sont pas; on a négligé les fontaines des places Saint-Michel, de Gaillon, de la rue Censier et de l'esplanade des Invalides, dont la position semble exiger le château-d'eau le plus somptueux.

CHAPITRE XXVI.

Guichets des Tuileries. — Passages infectés par des immondices. — L'invention de M. Dufour, perfectionnée par de nouveaux essais, devrait être généralisée dans tout Paris. — Eclairage mesquin du Palais, les jours de réception. — Projet plus digne de la majesté du lieu.

Nous sortions des Tuileries, et nous étions près de traverser un des guichets, je vis Philoménor respirer un flacon d'essence de Chypre. « Je ne puis m'empêcher de m'en plaindre tout haut, murmurait-il avec chagrin ; est-il concevable que dans tous les quartiers de cette métropole des arts, et principalement si près du palais du roi, les guichets et les passages soient salis, dégradés et même empestés (1) par des immondices qui excitent des cris et des récla-

(1) Puisque nous empruntons tant de choses aux anglais, on doit sentir combien il est indispensable de naturaliser en France les *Water Closet* de Londres, ou d'adopter les appareils antiméphitiques de M. Dufour, qui, après avoir jadis parfumé nos têtes, s'est occupé

mations presque universels, sans qu'aucune autorité songe à s'opposer à cette espèce de profanation. Que dites-vous encore, ajouta-t-il de ces petits lampions qui, le soir, éclairent l'entrée des Tuileries, aux jours de grande réception. Deux génies de bronze, soutenant deux phares magnifiques, annonceraient, ce me semble, un peu mieux, la majesté royale.

avec un succès non contesté, de désinfecter l'intérieur et l'extérieur de nos maisons, et de tous les lieux publics.

CHAPITRE XXVII.

Philoménor se rend à Faydeau. — La scène de ce théâtre a trop peu de profondeur. — Les pièces anciennes devraient être remontées à neuf. — Découvertes de M. Paul. — Opéra d'*Aline*. — Projet de véritables illusions. — Foyer. — Actrices. — Mmes Lemonnier, Boulanger, Paul, Leclerc, Casimir, Pradher, Rigault, Letellier, Desbrosses, Belmont. — Regrets sur Mme Duret. — Mme Lemonnier et M. Martin, dans les *Voitures versées*. — Mme Boulanger dans *Emma*, et Mme Pradher dans le *Solitaire*. — Tableau très-édifiant de ce théâtre — Note sur les mœurs de l'époque. — En dépit de Huet, Visentini, Ponchard, Alexis et Darancourt, on s'aperçoit qu'il y manque un Elleviou. — Ecole mutuelle de chant. — Ses avantages, ses inconvéniens. — De belles voix ne suffisent pas à ce théâtre. — Acteurs propres à remplacer Elleviou. — Anecdote sur Lecomte. — Notice sur Elleviou. — Goûts de nos grands acteurs pour la vie champêtre. — Description de la maison de campagne de Larive. — Quelques mots sur les jardins de Talma. — Anecdote singulière sur Larive.

Insensiblement nous dirigions notre marche vers Faydeau, où l'on devait donner *Aline* et *les Voitures versées*. Pendant le dîner, que nous prîmes chez Champeaux : « Quelques-unes des remarques que nous avons faites sur le grand Opéra, dis-je à mon Grec, sont applicables au théâtre Faydeau, où l'exiguité et le peu de profondeur de la scène rendent plus sensible le charlatanisme de certaines décorations. Je n'ignore pas que, par un procédé nouveau, l'ingénieux Paul nous a donné dans *Joconde* et autres pièces, des effets de lumière vraiment surprenans. Lors du grand concours des produits de l'industrie française, nous avons vu cet artiste, qui fut un des meilleurs comédiens de ce spectacle, exposer deux essais en petit de sa découverte dans les galeries du musée du Louvre. Ces moyens de succès, tout favorables qu'ils sont, ne suffisent pas, lorsque d'autres parties d'imitation grossièrement contrefaites, font absolument manquer le grand ensemble. Presque tous les opéras anciens de Grétry semblent exiger des décorations neuves qui donneraient un charme de plus à ces productions immortelles.

« Pour prouver ce que j'avance, prenons pour exemple, le paysage du second acte d'*A-*

line, reine de Golconde, que vous verrez représenter ce soir.

« En vain, dirai-je au directeur, vous m'avez fait entendre les pipeaux, la musette ou le galoubet ; en vain la douce voix des bergères du midi de la France se mêle aux sons rustiques de ces instrumens ; en vain je partage les jeux variés et les danses légères d'une jeunesse folâtre, je vois des arbres à trente pas ; et ces arbres sont des découpures enfantines. Apprenez donc l'art de mieux tromper mes yeux ; prolongez ces lointains ; à ces arbres en peinture plate, substituez des arbres en relief, des bouquets de fleurs artificielles qui disputent de fraîcheur à la plus belle nature. Que ces cascades ne soient plus sans mouvement (1) ; et si le local ne vous permet pas d'introduire une rivière sur la scène, suppléez à la nature par les secrets de l'industrie ; avec des gazes d'argent, avec des cristaux transparens et mobiles, faites couler sous ce pont hardi, ou jaillir de ces roches escarpées, des eaux écumeuses ou limpides ; osez plus ; que par intervalle j'entende le bruit d'un

(1) Comme au ballet de *Télémaque* au grand Opéra.

torrent qui se précipite, ou le doux murmure de cent paisibles ruisseaux; que sur leurs bords heureux j'aperçoive encore l'écarlate de la grenade, et le vert sombre de l'olive s'entremêler avec les pommes d'or de l'oranger. Alors, c'en est fait, je ne suis plus à Paris; théâtre, orchestre, spectateurs, tout à disparu pour moi, en un instant; et, à peu de frais, vous m'avez transporté sous le beau ciel de la Provence (1). »

Entre les deux pièces nous montâmes au foyer, qui nous parut mesquin. Nous étions sortis du spectacle, où les acteurs avaient mérité plus d'éloges que de censures. Philoménor, à qui j'avais fait connaître les noms des principaux sujets de ce spectacle, me dit: « Jamais on n'a vu briller, je le présume, à la même époque, un aussi grand nombre d'ex-

(1) Cet enchantement a été depuis réalisé à moitié au grand Opéra dans un ballet. Déjà on a transporté de Faydeau à l'Académie de musique, *Stratonice;* pourquoi n'en a-t-on pas fait autant pour *Aline?* les plaisirs des spectateurs eussent été complets, si la délicieuse musique de l'Opéra-Comique eût été accompagnée des décorations de M. Cicéri et de quelques parties du ballet.

cellentes actrices à Faydeau. Mmes Regnault, Lemonnier, Boulanger, Paul, Rigault, Pradher; MM. Ponchard, Leclerc, Casimir, Le Tellier; quelle réunion de talens divers ! » « Ajoutez, répliquai-je, Mme Duret, que probablement nous n'entendrons plus, et dont l'organe enchanteur était si suave, si flexible et si délicieux. Des passe-droits sans nombre, des dégoûts bien peu mérités, l'ont éloignée de la scène de ses triomphes. Si la voix de Mmes Desbrosses et Belmont commence à s'affaiblir, ces actrices n'en sont pas moins par leur jeu parfait absolument nécessaires dans cet ensemble presque unique.

« Parmi les nouveautés jouées à ce théâtre, il serait difficile d'entendre un morceau mieux rendu et qui donne la preuve d'une cantatrice plus consommée dans son art, que le duo des *Voitures versées*, exécuté en solo, si j'ose m'exprimer ainsi, par Mme Lemonnier; duo charmant où cette cantatrice, tout en se préparant aux ruses de la coquetterie, imite tour à tour le brillant tenor d'un élégant séducteur et la douce voix d'une virtuose dont la culture a perfectionné les modulations et les accens. » « Effectivement, répliqua vivement Philoménor, j'ai remarqué ce morceau, il est vraiment ravissant. » « Vous serez pour le moins aussi satisfait, repris-je, lorsque vous entendrez quelques jolis airs du *Solitaire* et d'*Emma*, où Mmes Pradher et Boulanger rivalisent de grâce et de talent. Avant de vous conduire à Faydeau, j'avais oublié de vous avertir, mon cher ami, que ce théâtre est, pour ainsi dire, le temple de l'amour conjugal, ce qui est infiniment édifiant. Après une longue continence et un noviciat très-orageux, la plupart des actrices ont voulu tâter du mariage; aussi ont-elles le train le plus modeste; presque toutes vont à pied; et la méchanceté ne peut interpréter ici défavorablement le luxe des équipages; ces dames n'ont point comme certaines danseuses du grand Opéra, le privilége de rouler avec fracas dans un landeau magnifique.... « Et de se voir pompeusement inscrites, ajouta Philoménor, jusque dans les journaux étrangers, comme les bienfaitrices de l'humanité souffrante. » « Remarquez, mon cher ami, repris-je aussitôt, que les mœurs de ce siècle se sont singulièrement améliorées en apparence, Dans presque toutes les classes de la société on ne rougit plus de s'appeler du doux nom d'époux; un mari n'a plus l'air embarrassé, comme autrefois, en se trouvant à la promenade ou au spectacle, avec sa femme et ses enfans; il n'est plus du bon ton d'être irréligieux ou libertin; et dans les liaisons que blâme une morale sévère, on met dans ce moment plus de secret et de décence; par contre-coup, les femmes entretenues, même de haut parage, sans être moins avides, sont devenues plus économes. Il serait peut-être difficile de signaler à Paris parmi elles une Duthé ou une Dufresne moderne; sans dédaigner l'argent comptant qui s'écoule si rapidement, elles préfèrent des rentes solides, de bons contrats; leur fait-on des avances, elles consultent des praticiens éclairés; averties par l'exemple de leurs devancières (1) et les conseils de matrones expérimentées, elles s'assurent de bonne heure un sort heureux pour ces tristes jours où leur beauté flétrie n'existera plus qu'en peinture et en souvenirs. Mais je m'aperçois, mon cher

(1) On a vu quelques courtisanes, après avoir dissipé des millions, solliciter en vain la pitié de leurs anciens adorateurs, et mourir, accablées d'infirmités, dans la plus affreuse misère.

Grec, que ce petit épisode me fait oublier de vous parler des acteurs de ce théâtre.

« Après avoir perdu pour jamais Moreau et Chenard, nous avons vu s'éloigner Martin, ce chanteur unique, qui savait, avec tant d'aisance, varier les airs les plus vulgaires et leur donner la vogue de la nouveauté; heureusement, D'Arboville nous console, s'il est possible, de sa retraite prématurée; Huet, Visentini, Féréol, sont certainement de très-bons comédiens.

« Mais pourquoi, malgré la voix mélodieuse de Leclerc, l'inimitable méthode de Ponchard, et les espérances que donne le jeune Alexis, s'aperçoit-on qu'il manque un acteur essentiel à l'Opéra-Comique? je veux dire un Elleviou. Preuve démonstrative qu'à ce théâtre, de belles voix, quoiqu'essentiellement de rigueur, ne sont pas la seule chose importante; que de plus il faut de beaux dehors et de grands moyens. Pour moi, je crois que l'on n'a pas assez exploré les théâtres de Paris et des départemens.

« L'espérance doit nous consoler, mon cher ami; si un Elleviou parfait manque dans ce moment-ci à Faydeau, l'école mutuelle (1) de chant, et le méloplaste (2), feront sans doute un jour disparaître cette pénurie de chanteurs qui réunissent une belle voix et des grâces extérieures aux autres agrémens de la taille et de la figure.

« L'active surveillance que les directeurs de ces deux méthodes appliquées à la musique, exercent chaque jour sur les organes d'un très-grand nombre d'individus, doit nécessairement donner l'éveil sur des talens qui, sans ces procédés nouveaux, seraient restés très-vraisemblablement inconnus et dans l'oubli.

« Me serais-je trompé ? Lecomte, que nous avons vu au grand Opéra, ne serait-il pas éminemment propre à remplir ce vide ? D'ailleurs cet acteur avait été élevé pour Fay-

(1) Sans traiter ici des avantages et des inconvéniens de l'Ecole Lancaster, assez débattus dans plusieurs ouvrages, n'est-il point à craindre seulement que cet art, déjà trop séducteur, la musique, ne détourne la classe pauvre et laborieuse des enfans du peuple, d'études bien plus sérieuses et bien plus importantes.

(2) Art par lequel, avec le secours de tableaux divers, on démontre et l'on fait apprendre les principes de la musique.

deau : ce serait donc le remettre à sa véritable place, qu'il abandonna à son retour de Londres où il avait fait une excursion lucrative. Des bords de la Tamise, il ne fit qu'un saut sur les planches de l'Académie de Musique. Que je vous plains, mon cher Philoménor, de n'avoir jamais vu jouer Elleviou ! Fils d'un médecin de Bretagne, cet acteur ayant vu représenter une pièce de théâtre à Favart, se décida sur-le-champ pour l'état de comédien. Personne plus que lui ne réunissait tous les dons nécessaires pour y devenir parfait. Des traits réguliers, une figure éblouissante de jeunesse et de fraîcheur, des cheveux blonds naturellement bouclés, une taille haute, des formes qui paraissaient être celles d'Apollon, tel est le signalement qu'on eût pu donner d'Elleviou (1). Ajoutez à ces avantages une voix légère, agréable, flexible, conduite avec un goût qui lui était propre; le ton de la meilleure société, les airs d'un élégant de la première classe; la suffisance du plus pétu-

(1) On a dans ce moment à Paris, un jeune homme qui se destine au même emploi, et qui sous quelques rapports ressemble à ce portrait.

lant étourdi; enfin par-dessus tout une grâce, un naturel qui ne se trouvait qu'en lui; et vous aurez une idée complète de cet incomparable acteur. Dix ans après avoir contracté un mariage avantageux avec une dame de la plus douce physionomie et de la plus charmante tournure, Elleviou abandonna le théâtre. Des motifs d'intérêt personnel, le désir de se rendre près de son père, peut-être aussi celui de quitter la scène au milieu de ses triomphes, et d'emporter les regrets universels d'un public idolâtre de ses talens, engagèrent Elleviou à une retraite prématurée. Vivement épris des charmes de la vie champêtre, il s'arracha au tourbillon de Paris et se fixa dans une terre sur les bords du Rhône; là, il ne s'occupe plus que des soins d'une vaste culture, et d'embellir le plus délicieux séjour.

« Je dois remarquer à ce sujet que la plupart de nos grands acteurs ont presque tous eu les mêmes inclinations pour la vie des champs. MM. Larive, Talma, Lafont, Dérivis et beaucoup d'autres ont prouvé la justesse de cette observation.

« Je vous ai cité Larive; cet acteur que nous

ne reverrons plus, a su conserver jusque dans un âge avancé ces moyens brillans qui lui avaient fait une renommée si éclatante dans les beaux jours de sa jeunesse; et il nous l'a prouvé lorsqu'en 1814 il reparut sur la scène de Favart dans le rôle de Tancrède. Ce fut pour y faire une bonne action, pour jouer au bénéfice des malheureux, qu'on le vit quitter sa riante solitude de Montmorency, maison de plaisance dont les embellissemens lui ont coûté des sommes énormes, et qui ressemble assez à un de ces palais que l'on dit avoir été jadis bâtis par les fées. Placée sur le penchant d'une montagne qui doit toutes ses beautés à la nature, et d'où l'on aperçoit les points de vue les plus variés et les plus magnifiques, sa maison est entièrement revêtue de coquillages et de rocailles arrangées avec un art admirable. L'intérieur de l'édifice, où nos meilleurs architectes et nos peintres les plus fameux ont déployé les trésors de leur génie, est meublé avec le goût le plus exquis; on y remarque surtout les portraits des plus célèbres acteurs et actrices de son temps. Sa bibliothèque y fixe l'attention de l'ami des lettres. Presqu'entièrement composée de pièces dramatiques, elle renferme encore beaucoup d'autres ouvrages aussi précieux que bien choisis. Entre-t-on dans le parc, au sommet même de la colline, couronnée de hautes futaies, une rivière arrose des jardins dont le Virgile français (1) semble avoir planté les masses et dessiné les contours : tantôt le fleuve paisible coule doucement à travers les fleurs des prairies ou s'égare sous de frais ombrages ; tantôt il gronde en bouillonnant sur des lits de rochers, y roule en nappes d'argent, et plus loin se précipite en cataractes impétueuses ; descendu dans un lac, il s'élance enfin en mille jets d'eau, et retombe en pluie bienfaisante autour d'un pavillon délicieux qui décore le plus riant paysage. Tel est ce lieu charmant bien digne d'être décrit par la plume de Pline, et dont je ne fais que vous donner une légère esquisse.

« Le caractère des jardins de Talma est, dit-on, plus sombre et plus propre à nourrir ses tragiques inspirations. Quoique Larive ait absolument cessé de chausser le cothurne tra-

(1) Delille.

gique, il se plaît à donner des leçons (1) et des conseils aux jeunes artistes; sa mémoire est encore extrêmement fidèle et riche de faits et d'anecdotes; souvent il se plaît à les raconter, et peu de personnes ont dans leur manière de narrer un tour plus piquant et plus original. « Je fus visité, disait-il un jour à un jeune Américain dont le souvenir m'est bien cher, je fus visité par un de ces hommes qui se sont miraculeusement sauvés au milieu du torrent révolutionnaire, quoiqu'ils aient constamment occupé des places lucratives. » « Quavez-vous fait, mon cher Larive, lui disait le savant M. de ***, depuis votre retraite de la scène ? » Larive qui, pendant les jours de la terreur, avait été tourmenté, persécuté, plongé dans les cachots, reprit subitement l'attitude majestueuse d'un héros de théâtre, et lui répondit par ce vers foudroyant :

J'ai vécu dans les fers, et vous avez régné. (2)

Voici un fait plus singulier, contait encore

(1) On sait que Mme Pasta en a reçu de ce grand tragédien pour le rôle de *Tancrède*, qu'elle rend avec tant de perfection.

(2) *Œdipe*, trag. de Voltaire, acte IV, scène II.

Larive à cet ami dont je vous ai parlé : je sortais du théâtre ; j'avais joué Ladislas dans le Venceslas de Rotrou ; encore tout ému, tout agité, tout pénétré de l'énergie, de l'exaltation que m'avaient inspirée les vers de mon rôle, je rentrai chez moi ; j'avais besoin de repos ; je me couchai ; je crus voir dans ma femme la belle Cassandre, je vous laisse à deviner le reste ; mais au bout de neuf mois, jour pour jour, Mme Larive accoucha d'un fils. Si l'expérience ne me le prouvait à chaque instant, le croiriez-vous, Monsieur ? ce fils est le vivant portrait du prince que j'avais représenté, du prince avec lequel je m'étais pour ainsi dire tellement identifié, que lui et moi ne faisions qu'un. Aussi, Monsieur, ne vous étonnez pas si je lui ai transmis avec la vie, non-seulement le port, les traits, la physionomie historique de ce jeune Polonais ; chose bien plus étonnante ! il a reçu l'âme de ce héros, il a ses goûts, ses passions impétueuses, ses indomptables penchants ; en un mot, mon fils est Ladislas ; oui, Monsieur, c'est lui-même. Tel est le prédécesseur du premier tragédien de notre siècle. »

CHAPITRE XIV.

Palais-Royal. — Passages vitrés. — Musée des rues. — Enseigne.

« Demain, mon cher Philoménor, dis-je à mon Grec en le quittant, on représente *Hamlet* et *l'École des Femmes* au grand théâtre national; si vous voulez, nous entendrons les premiers talens de la scène française et peut-être du monde entier, je veux parler de Talma, de Mlles Mars et Duchesnois. Lorsque vous aurez essuyé les pleurs que le sombre désespoir du prince de Danemarck et les remords touchans de sa mère vous auront fait répandre, vous verrez avec quel art l'Agnès la plus parfaite sait exprimer toutes les nuances du sentiment et de l'ingénuité. »

Philoménor accepta la partie, nous nous donnâmes rendez-vous au Palais-Royal; et à l'heure marquée, le jeune Grec m'y attendait. « Les formes de ce palais, lui fis-je observer, ont bien changé avec le temps et avec les habitudes des Parisiens. Le Palais-Royal était exclusivement, il y a peu d'années, le centre des affaires et des plaisirs. A toute minute, l'affluence du public était telle que l'on avait peine à circuler dans ces longues galeries qui, actuellement sont souvent presque désertes. Et par suite de la mobilité des révolutions, nous avons vu supprimer ou transporter, dans les rayons de la circonférence de ce palais, des établissemens (1) que la mode et des circonstances impérieuses y avaient fixés.

L'élégante commodité des passages vitrés de l'Orme, de Feydeau, du Panorama et même du Caire, où la lumière si douce et si favorable pendant le jour, est le soir si éblouissante, a beaucoup nui aux galeries de ce palais. Ces passages sont des foires perpétuelles qui, par leurs utiles dispositions, contribuent à nous consoler de la destruction des grands monumens, sur les débris desquels plusieurs se sont élevés. En toute saison, on y trouve un sûr abri contre l'inclémence de l'air, et tout en s'y promenant, on y jouit du spectacle des produits variés d'une industrie perfection-

(1) Tels que le Tribunat et la Bourse.

née. Ces agrémens réunis devraient bien engager l'administration municipale à multiplier ces portiques et ces dômes transparens dans les quartiers de Paris où les cours publiques de traverse sont si sombres et si sales. » « Vous allez être convaincu, reprit Philoménor, que j'ai bien plus de plaisir à louer qu'à censurer sans cesse. Vous avez ici, et dans mille autres endroits de cette capitale, un très-grand avantage qui manque à beaucoup de grandes villes en Europe, et ce titre de supériorité est votre musée des rues. Un bon tableau, une figure de bronze, un bas-relief, des vases de porcelaine, pour enseigne, valent bien, ce me semble, le compas ou la boule d'or, le croissant ou la clef d'argent. Cependant je croirais qu'une scène du Solliciteur ou de Jeanne d'Arc, serait préférable au *Gagne-Petit* ou au *Pauvre Diable*, et qu'il faudrait toujours choisir des sujets qui élèvent ou charment l'imagination. Malheureusement, jusqu'ici, la ganterie, la bonneterie et la chapellerie ne se sont point soumis à cette révolution générale. Et lorsque les autres négocians ont presque tous subi la loi du nouvel usage, l'œil est offusqué par ces gants énormes, ces jambes de géant, ces chapeaux de Gargantua tous peints en couleur éclatante. Et pourtant la suppression de ces gothiques enseignes ne nuirait en rien au trafic de ces objets. Je suis quelquefois étonné, ajoutait Philoménor, de rencontrer dans vos rues et sur vos places publiques des compositions qui ne dépareraient pas les galeries du Luxembourg. » « Cela s'explique, lui dis-je, nos meilleurs artistes, dans leur jeunesse, n'ont pas dédaigné d'exposer d'immortelles productions en plein air; par modestie ils ont gardé l'anonyme. » « Parlez plus vrai, repliqua malicieusement mon Grec; en travaillant secrètement et comme à la dérobée pour la lingère, le marchand de nouveautés, le tailleur, et même pour de simples artisans aussi nécessaires, certains peintres ont cru qu'à tout âge, il était très-bon et très-sage de meubler à peu de frais leur garde-robe ou leur appartement. En faisant l'enseigne de tel restaurateur, en peignant M. et Mme Fricotin (1), ils se sont trouvés quelquefois très-heureux de s'assurer pendant l'année d'excellens dîners pour quelques coups de pinceau.

(1) Anecdote très-vraie, nom en l'air.

De bons dîners ont leur prix ; et il est plus d'un auteur connu, qui, malgré tout le mérite de ses petits madrigaux, de son roman sentimental ou de ses belles pensées philosophiques, n'a pas obtenu le même avantage. Les arts, mon cher ami, les arts conduisent moins à l'hôpital que les lettres. »

SUITE DU PALAIS-ROYAL.

Souterrains anciens et modernes. — Maisons de jeu. —Embellissemens, jardins suspendus.

Philoménor finissait à peine ses épigrammes, qu'une musique souterraine se fit entendre. « Qu'est-ce donc? me dit-il ; si nous descendions? » « Il est inutile, repris-je, de connaître par vous-même ces caveaux, où l'air est malsain. Ce concert continuel qui vous séduit, n'est guère interrompu que par des farces dignes de la foire, la danse d'un Turc, les grimaces d'un sauvage, et quelques scènes de vaudeville. Je me trompe, vous y entendriez encore le caquet de vingt femmes du palais, qui semblent y tenir salon au milieu de la fumée des cigares, de la vapeur du punch et des liqueurs de toute espèce. D'après cette fidèle esquisse, mon cher ami, votre curiosité doit, je crois, être bien affaiblie et détrompée. Autrefois, d'autres souterrains étaient très-fréquentés, m'a-t-on assuré, et même par la bonne société. Le caprice vous en prenait-il, on passait plusieurs jours dans un antre que remplace aujourd'hui ce bassin; et l'on y trouvait un cirque, des restaurateurs, des cafés, des marchands de toute espèce; en un mot, tout ce qui peut rendre la vie agréable et délicieuse, si toutefois elle peut l'être, lorsqu'en plein midi on est privé d'une atmosphère pure, de la douce lumière du jour, et qu'on n'est éclairé qu'à la lueur des lampes. Un horrible incendie, dont même on rendit complice l'autorité d'alors, détruisit de fond encomble cette grotte enchantée, qui depuis n'a pas été rétablie à la même place, nous avons vu planter un bosquet, ensuite on l'arracha. On y fit jaillir cette fontaine, peut-être trop simple : » « Je me plairais, me dit Philoménor, à voir autour de ce bassin et de ces gerbes d'une eau limpide, se balancer le majestueux peuplier d'Italie. Je voudrais y sentir la douce odeur des myrtes et des rosiers qui, sans intercepter la vue, seraient sans cesse humectés et rafraîchis par une pluie continuelle et bienfaisante. »

« Votre projet, repris-je, mon cher Grec, serait peu coûteux : vivent les embellissemens dont la nature seule fait les frais! au-dessus de ces portiques qui entourent le jardin, le soir, des salles resplendissantes de lumière sont occupées par des jeux publics. Avant la révolution, elles l'étaient par les plus célèbres courtisanes. Là, au son d'une musique enivrante que l'on entend des appartemens voisins, là, mon ami, vont s'engloutir trop souvent, hélas! les fortunes qui paraissaient les plus solides, et que l'on voit s'écouler rapidement, si je puis m'exprimer ainsi, au milieu des receptacles les plus impurs de la capitale. Vous voudrez bien me permettre de ne pas m'appesantir sur la cupidité et l'adresse des filous qui s'y rencontrent. Souffrez que je me taise encore sur la stupidité et le désespoir de leurs dupes, ou, pour mieux dire, de leurs victimes. Des malheurs sans nombre dont ces établissemens sont la seule cause, font désirer aux partisans des bonnes mœurs que le gouvernement soit promptement à même de fermer pour jamais ces repaires de tous les vices et de tous les crimes. » « Éloignons ce hideux tableau, repliqua Philoménor en m'interrompant. La sagesse comblera le gouffre qu'a creusé jadis le plus vil égoïsme. Reportons nos regards sur les élégantes sculptures de ce palais, et sur les embellissemens nouveaux dont il est susceptible. Quel aspect enchanteur offrirait ce monument immense, si l'on faisait des changemens dans quelques entrées et dans quelques pavillons ? Qu'annoncent ces couloirs étroits où l'on se presse, où l'on se heurte, où l'on s'engouffre? Je crois qu'il serait absolument utile de dégager entièrement les passages, de percer à jour le café de la rotonde et de donner aux perrons une largeur plus convenable. Alors, des allées du parterre, vous auriez en perspective la scène toujours variée, toujours mouvante de la rue Neuve-des-Petits-Champs et de la rue Vivienne. Proscrivez encore, ajouta mon Grec, dans l'intérieur, de prétendus ornemens, tels que ces berceaux, ces treillages, (1) ces enseignes et tout regrattage qui ne serait point général et uniforme : alors vous aurez assuré à ce grand édifice une beauté nouvelle et durable. Pour donner à la partie du palais occupée par le prince, cette harmonie dans l'ensemble qui est tout en architecture, il serait,

(1) Qui donnent un air de cabaret à l'entrée des deux plus beaux hôtels de la place Vendôme.

ce me semble, indispensable d'exhausser le toit de l'ancien Tribunat, et de le mettre en équilibre avec la coupole du Théâtre-Français, dont nécessairement on ne peut diminuer la hauteur.

« Dans la seconde cour qui se trouve entre le palais et les galeries de bois, il faudrait aussi rendre parallèles les deux pavillons du centre, faits pour être égaux en tout; et dont les frontons semblent néanmoins avoir été bâtis sur deux plans différens. Cette entreprise est d'autant plus facile à exécuter que des échafaudages sont dans ce moment dressés pour y faire des réparations, et que l'architecture du pavillon où l'on travaille n'est même qu'ébauchée. Ainsi, point de main d'œuvre perdue à regreter, et un degré de perfection à obtenir.

« Enfin, que ces galeries de bois si dangereuses pour le reste de l'édifice, surtout en hiver, s'écroulent subitement pour faire place à des arcades transparentes, couronnées par des vases, des balcons, des trophées, des arcades dont les voûtes solides soutiendraient une longue terrasse découverte en été, abritée dans la saison froide par des chassis mobiles, et où, par ce moyen très-simple, les arbustes et les fleurs de tous les climats, retraceraient en France ces jardins suspendus de Babylone, la merveille et l'admiration des siècles. »

J'approuve cette idée repris-je : elle tient de la férie : un génie de l'Orient a pu seul la concevoir. Mais vous, mon cher ami, qui êtes si justement persuadé que le beau idéal en architecture résulte essentiellement de l'équilibre dans les différentes masses, vous conviendrez avec moi qu'il ne faudrait pas oublier de lier et de réunir ces jardins en terrasses aux bâtimens qui séparent les deux cours, par une galerie, adossée au théâtre Français, et correspondant à celle qui sert au prince, de salle de réception : l'usage auquel on pourrait destiner cette galerie rappellerait celles qui ont été détruites à différentes époques. On pourrait placer avantageusement au rez-de-chaussée, des antiques actuellement si rares dans ce palais, un cabinet d'histoire naturelle, et un autre des arts et métiers, que l'on y voyait avant la révolution : au-dessus, dans les travées de la galerie proprement dite, les grandes compositions historiques, commandées par S. A. S. à nos peintres les plus célèbres, y feraient beaucoup plus d'effet que dans les appartemens où ces peintures se trouvent maintenant disséminées.

Quoique la collection actuelle de ce palais ne soit pas formée de chefs-d'œuvre aussi nombreux et aussi rares qu'elle l'était autrefois, on y admire encore beaucoup de tableaux d'un grand mérite dans tous les genres et surtout les portraits des princes et princesses de la maison d'Orléans que l'on chercherait vainement ailleurs, entre autres ceux d'Henri IV dans son enfance, des filles du Régent et de l'infortunée princesse de Lamballe.

En suivant nos projets, répliqua Philoménor, on compléterait ce qui existe, on rassemblerait ainsi au centre de cette capitale et dans une même enceinte, les prodiges que la nature a fait éclore avec tant de profusion en cent pays divers, et tout ce que les arts et l'industrie d'hommes supérieurs à leur siècle, ont inventé de plus parfait et de plus divin pour le bonheur de leurs semblables.

FIN DU PREMIER VOLUME.

TABLE
DES CHAPITRES.

TOME I.

CHAPITRE IV, page 21.

CHAPITRE V, page 36.

CHAPITRE XXVII, page 236.

CHAPITRE XXVIII, page 25[illegible]

FIN DE LA TABLE DU PREMIER VOLUME.